科学人文书系
Science & Humanities

谁在让子弹飞

是谁在让子弹飞？又是什么样的子弹在飞？怎样才能让子弹飞得少一些、慢一些、杀伤力小一些？

曹保印 著

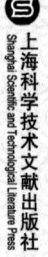

上海科学技术文献出版社
Shanghai Scientific and Technological Literature Press

图书在版编目（CIP）数据

谁在让子弹飞 / 曹保印著 . —上海：上海科学技术文献出版社，2014.3
　ISBN 978-7-5439-6148-7

Ⅰ . ① 谁… Ⅱ . ① 曹… Ⅲ . ① 社会科学—文集　Ⅳ . ① C53

中国版本图书馆 CIP 数据核字（2014）第 028468 号

总　策　划：梅雪林　　曹保印
项目负责：石　婧
责任编辑：石　婧　　陈云珍
装帧设计：有滋有味
装帧统筹：尹武进

谁在让子弹飞
曹保印　著

出版发行：上海科学技术文献出版社
地　　址：上海市长乐路 746 号
邮政编码：200040
经　　销：全国新华书店
印　　刷：上海中华商务联合印刷有限公司
开　　本：787×1092　1/32
印　　张：6.5
字　　数：114 000
版　　次：2014 年 3 月第 1 版　2014 年 3 月第 1 次印刷
书　　号：ISBN 978-7-5439-6148-7
定　　价：28.00 元
http://www.sstlp.com

目 录

1 总序 科学无界,人文有仁
7 自序 子弹子弹,飞飞

13 德国重审女巫案的启示
19 谁在让子弹飞
25 当权力失控,罪恶便会成滔天洪流
29 CCTV能让多少双"破鞋"不再重来
33 人可以踏进"同一条河流"
42 一棵榆树的故事
48 中国,你的星座是什么
52 王林不可怕,王林活得好最可怕
59 2013年中国高考作文批判
70 高考作文不需要科学性吗

80　中国的处女膜为什么那么坚硬

87　"处女"新定义拓宽性文明尺度

90　乱象丛生，中国得了什么病

99　不要重复西方人已经犯下的错误

118　人和狗及猪一律平等吗

124　杀不杀狗，谁说了算

127　猫馆长死了，谁还活着

130　禽流感，人类自戕的谶语

133　当我逝去，请在我的墓碑上写下……

141　一幅儿童画里偷偷藏了多少秘密

157　冬天里的蜗牛运动会

165　展开天使的翅膀，我们一起去飞翔

171　感知生命，才懂得敬畏生命

180　教育的奇迹是这样发生的

186　今天该怎样做父亲

195　代后记　写给一位因被狗咬而想自杀的陌生朋友的信

总序

科学无界,人文有仁

曹保印

这是一个热爱科学的时代,又是一个废弃科学的时代。

在这个时代里,一方面,科学无处不在,你呼吸的空气、饮用的水、站立的土地、沐浴的阳光,都被彻底科学化了;另一方面,"仁者爱人"的科学又常态化缺席,当你呼吸的空气成了被 PM2.5 浓缩的毒霾,当你饮用的水成了被 DDT 混合的毒液,当你站立的土地成了被重金属绑架的沙粒,当你沐浴的阳光也早已被水泥森林夺走了生命的温度……你就会深刻感受到人类在"自作孽不可活"之后的束手无策。尽管,这一切都是借科学之名,又都因科学而产生。

所以,很多人相信这样一句话:这是一个最好的时代,又是一个最坏的时代;这是一个充满希望的时代,又是一个充满绝望的时代。

为了拯救这个时代,更为了拯救这整个世界,于是,人文再度登场。之所以说"再度",是因为人文一直都在,只是在这个时代中全速奔跑的人们,已经将它落在了身后,并且遗忘了它。这些全速奔跑的人们,把奔跑当成了生命的全部,甚至当成了生命本身,却忘记了当初为什么奔跑。跑得太快时,往往就会忘记等待自己的灵魂。就算偶尔想起灵魂已经远远落在了后面,也不愿意停止或者放慢自己奔跑的脚步,仿佛只要一停下来,世界就会停止,自己就会死去。慢慢地,奔跑的人们就成了科学时代的机器,无血无肉无灵魂。

很多人总是将"人文"一词挂在嘴上,似乎不说出这个词语,就显得自己不够时代,不够文明,不够有素养,不够有深度。然而,"说"与"做"在行为中的割裂,却又使这种把"人文"挂在嘴上的行为,一下子变得做作、虚伪、恬不知耻。因为,他们根本不知道,到底什么是"科学",又到底什么是"人文",它们之间又有何联系,对我们每一个人,对我们整个的时代、社会与世界,究竟有什么价值。

因此,我又常常感叹,这是一个热爱人文的时代,又是一个废弃人文的时代。在这个时代里,"人文"两个字只是廉价的装饰物。

事实上,不管是西方还是东方,所谓"人文"都有两层意义:一是"人",二是"文"。前一层意义,是指理想的"人"、理想的"人性";后一层意义,是指培育这样的"人"和"人性"所需要的内容。

在希腊人看来,理想的人、真正的人,就是自由的人。因此,整个西方的人文传统自始至终贯穿着"自由"的理念,不少与"人文"相关的词组,就是由"自由"的词根组成的,比如"人文教育"(liberal education)、文科(liberal art)等。事实上,正如北京大学哲学系教授吴国盛所说,希腊—西方的人文理想是"自由",人文形式是"科学"和"理性",科学一开始就是西方的人文,是自由的学问。

在中国人看来,"人文"就是《易经·贲》中所说的:"观乎天文以察时变,观乎人文以化成天下。"在汉语中,这是最早出现"人文"一词的地方。显然,这里的"人文"就是指教化。那么,教化的核心又是什么呢?那就是"仁"。也就是孔子所说的,"仁者人也,人者仁也",两者互训互通。而仁的实现方式,即"克己复礼",也即"克己复礼为仁。一日克己复礼,天下归仁焉"。

明白了"人文"的这些意义,再来回望与观察今天的时代,以及在这个时代里所发生的一切,你也许就会进一步理解这两句话的深刻含义:这是一个热爱科学的时代,又是一个废弃科学的时代。这是一个热爱人文的时代,又是一个废弃人文的时代。很遗憾也很悲剧的就是,在很多时候,我们不但没有用科学造福于自己,反而常常用科学造祸于自己。在有意无意之中,我们用科学的左手,砍掉了人文的右手,最后我们自己也被埋葬,或正在被埋葬的过程中。

没有人希望一出生就死去,被埋葬,而每个人都希望能够一出生就风华正茂。作为一群思想者、写作者、表达者,"科学人文书系"的作者们无力让每个人一出生就风华正茂,却希望通过自己有限的观点表达,点点滴滴地改变这个因为科学变得美好,也因为科学变得丑陋的世界,让那些已经出生了的人,不会遭遇一出生就被埋葬的悲剧性命运;至少,能够少一分绝望,多一分希望,还愿意相信每天醒来推开窗,依然能够看到正在升起的太阳,以及太阳下正在盛开的花朵。所以,我们相信、呼吁并倡导:科学无界,人文有仁!

科学是自由的学问,人文是自由的灵魂,而所有的自由都应该也需要以"仁"为核心,仁及每一个人,仁及万物生灵。所谓"克己复礼",在今天这个时代,"克己"也许就是要合理控制自己的欲望,既不能让无限膨胀的欲望毁灭了自己,也不能让它毁灭了我们所身处的世界;而"复礼"也许就是要尊重自然,尊重常识,尊重传统,从温故而知新中获得新文明的种子,并让它在古老的土地上扎根、发芽、开花、结果。因此,尽管作者们的观点不尽相同,有的甚至针锋相对,但是,本套书系所收录的每一本书,都围绕着"仁"展开,也都试图通过作者的所思所想所述,实现每个作者心中的"仁",并期待这种"仁"能通过文字的力量与路径,抵达更多人的心中,并在清新的空气、温暖的阳光、甘洌的泉水、洁净的土壤的哺育下,长出更美的芽,开出更美的花,结出更美的果。毕竟,大地不拒绝任何一粒种子的自由生长,而我们的社会也不应拒绝任何一种思想的自由表达。

在组织本套书系的过程中,作者们都给予了热情的支持。在此,作为本套书系的总策划,我要感谢:葛剑雄、杨东平、信力建、田松、汪永晨、蒋劲松、李多钰、李侠、郭鹏。作为本套书系的第一批作者,他们中的每一位都是探路者,也都是"抛玉引玉"者。此后,还会有更多作者陆续和读者见面,共同继续探索科学之精神,人文之魅力。因此,更需要感谢每一位读者的支持,你们每花出购书的一分钱,就是向科学与人文投去一张智慧的选票,而你们所选的必将是美好,所弃的必将是丑陋。为了让我们所处的时代成为最好的时代,请投出你们珍贵的那一张张智慧选票吧。

请记住:不绝望,就永远有希望!

(本文作者系"科学人文书系"总策划)

自序

子弹子弹，飞飞

没有人愿意生活在一个子弹飞飞的世界。可是很遗憾，我们生活的世界，却常常是子弹子弹飞飞。

有的子弹你看得到，包括它的飞行轨迹，你可能躲得开，也可能躲不开。

有的子弹你完全看不到，但一样可以于无形中杀伤你，遍体鳞伤之后，你却遍寻它不着，它似乎成了无处不在而又无处找寻的空气。

有的子弹味道很甜很香，你笑容灿烂地奔它而去，拥它入怀，吻着它，却发现它笑容灿烂地奔你的命而去，拥你的命入怀，迎上去的是死神之吻。在这类子弹面前，你选择了来不及再回头的自杀，常常人已经站到了黄泉之畔，听到了黄泉的涛声，却依然不知道其实是自己主动选择了身赴黄泉路的单向旅行。

子弹子弹，飞飞。那么，是谁在让子弹飞？又是什么样的子弹在飞？有什么样的办法，可以让子弹飞得少一些、慢一些、杀伤力小一些?至少,可以让我们看到子弹在朝自己飞,然后尽最大可能地躲避它,最大限度地减少损失;最低的限度,也可以让我们不主动奔子弹而去,拥子弹入怀,把夺命的子弹误认为情人节里的红唇;更不自己举起枪来,对准自己的脑袋,让子弹飞。

于是,我决定出版这本作品集。阅读之后,你将会发现,它虽然不是你的防弹衣,却可能成为你的望远镜、放大镜、显微镜。通过它,你将会见识有形的和无形的子弹,尽管这些子弹仅仅只是巨大弹药库中极小的一部分。

先回答谁在让子弹飞。在本书的《谁在让子弹飞》一文中,你可以看到,让子弹飞的,有"权力中毒症患者"如河南官员之子牛豪、李重廷,前者枪指记者,暴力威胁;后者与人争执,拔枪射击,误杀路边卖羊肉串的无辜商贩。有"宗教中毒症患者"如阿尔及利亚籍法国青年穆罕默德·梅拉赫,枪杀法国一犹太学校的4名师生。有"仇恨社会症患者"如韩国裔美国青年温戈,枪杀美国一私立学校的7名师生。这些子弹你看得到,可能躲得开,也可能躲不开,就看你的运气了。没有人知道,当自己走在大街之上时,会不会有子弹突然飞飞。

看得到的子弹,杀人于有形,而看不到的子弹,则杀人于无形。这些子弹,往往经由权力之手射出。在本书的《当权力失控,罪恶便会成滔天洪流》一文中,我讲了浙江省永康市多位人大代表、企业家"嫖宿"女学生,中共河南省永城市市委副秘书长李新功强奸多位幼女这两件人神共愤的事。在疯狂的权力春药刺激下,这些权力占有者射出的不仅是繁衍罪恶的毒液,更是制造灾难的子弹。可以想象,当权力失控,子弹飞飞的恶果,必将是洪水滔天,罪恶遍地。

还有更多你看不到的子弹,从历史和文化的重重迷雾中射出,以点射、扫射、打冷枪等各种方式,飞行在历史里,穿越在现实中。在本书开篇的《德国重审女巫案的启示》一文里,你就能尖锐感受人类文明史上最黑暗时代的子弹飞飞,它们射击的所谓"女巫",不过是最黑暗年代里最无助、最无辜的弱势女性。

而本书中的多篇文章如《中国,你的星座是什么》《王林不可怕,王林活得好最可怕》《2013年中国高考作文批判》《中国的处女膜为什么那么坚硬》《乱象丛生,中国得了什么病》,展示了形形色色的伪文化、伪信仰、伪科学、伪教育、伪道德、伪君子的子弹飞飞。

这些子弹你看不到,想躲也躲不开,甚至很多时候你还会主动奔子弹而去,满怀激情地以为那是情人节夜晚睡床上美人的红唇。让这些子弹飞的,往往不再是满脸杀气的暴力匪徒,而常常是满嘴仁义道德的"文化圣徒"。这样的"文化圣徒",恰恰需要我们的高度警惕,其毒之烈,远超蛇蝎。

更有一些子弹,看似只是朝着非人的禽兽类动物飞飞,而实际上却是在击中动物脑袋的同时,也击中了人类的脑袋。因此,在本书中,我通过多篇文章如《不要重复西方人已经犯下的错误》《人和狗及猪一律平等吗》《猫馆长死了,谁还活着》等,试图告诉读者一个常识,这就是印度国父甘地所说:"从一个国家对待动物的态度,可以判断这个国家及其道德是否伟大和崇高。"

我不愿生活在子弹飞飞的世界,我希望世界无比美好。因为不但我生活在这个世界上,我的爱人和女儿也生活在这个世界上,我希望她们的生活无比美好。因此,在本书的最后部分,我特别编选了和家庭教育、儿童教育相关的随笔性文章,如《一幅儿童画里偷偷藏了多少秘密》《冬天里的蜗牛运动会》等。它们虽不像评论性文章那样尖锐而又坚硬,相反,更多的是柔软而又温情,但却更具美好的建设性力量,可以让家的屋檐成为世界上最美好的地方。在这里,你看不到子弹飞飞的丑恶与冷酷,却能听到歌曲《虫儿飞》的美好与温暖:"黑黑的天空低垂/亮亮的繁星相随/虫儿飞虫儿飞/你在思念谁……"

我多么希望,我们所生活的世界,永远没有子弹飞飞,只有虫儿飞飞。这样,我们就可以大声说:"啊,世界,你是多么美好,我爱你!"否则,我们就只能大声吼:"啊,世界,你是多么丑恶,我恨你!"选择爱,还是选择恨,决定权掌握在每一个人手中:你可以射出破坏美好世界的子弹,也可以唱出建设美好世界的歌谣。我在朝着建设美好世界前进,正在读这本书的你,要不要随我来?

是为自序。

2014年2月15日于北京

德国重审女巫案的启示

在新闻于弹指间就可以灰飞烟灭的时代,作为职业新闻人,我深知,人不能活在新闻里。否则,新闻中潜伏着的各种利益交割、各色人性弱点,将会像一个个沉默着的幽暗陷阱,使人深陷其中。因为,新闻并不是真实的生活,它只是一面面虚幻的魔镜,诱惑着人们站在它的前面,试图从中看到自己和自己所处时代的影子。

但,影子永远只是影子,它是没有呼吸的、没有血肉的、没有灵魂的、没有情感的、没有思想的、没有自主性的"怪象"。所以,透过影子,我们往往什么也看不到,什么也摸不到,什么也感知不到,进而什么也收获不到。即便是在温暖的、明亮的光线之下,它也是黑色的、变幻莫测的、不可捉摸的、转瞬即逝的、梦一般令人备感失落、空虚、恐慌的乌有。更何况,魔镜里的影子,又并不是我们和我们所处时代的真实影像,而常常只是被一双双无形的手操纵的皮影。

所以,将希望与期待寄托给影子,显然是愚不可及的痴人说梦。也因此,那些活在新闻里的人,是悲哀的,是耳聋目盲的,是不可救药的。然而,人不能活在新闻里,却一定会活在历史里,而且必须要活在历史里,无可选择,也不能选择。谁可以抓住自己的头发,让自己离开地面?显然没有人,也不可能有。但是,这并不意味着,活在历史里的人,只能被动地任人摆布,而不能主动出击,有所作为。

事实上,和活在新闻里的人不同,活在历史里的人,可以也能够有所作为。因为透过历史的重重迷雾,很多事情可以看得更明白,想得更明白,进而,便能以史为鉴,在未来的生命岁月中,做得更明白。历史,虽然从一定意义上说,的确是任人打扮的小姑娘,但毕竟还是小姑娘。无论怎么打扮,涂多厚的粉,抹多艳的妆,穿晚礼服还是穿三点式,小姑娘根本还是小姑娘,并且随着她的慢慢长大,终究会成为母亲,用子宫繁衍后代,用乳汁哺育儿女。

对我来说,上面的这些感想,并非凭空而来,而是和下面的这个故事或者说新闻密切相关。虽然在信息转瞬即逝的今天,它早已经成了被很多人遗忘的旧闻,但当我从落满灰尘的旧报纸堆里看到它时,我还是被深深震撼了。这种震撼,不是因为这则旧闻讲述了一个发生在 385 年前的历史故事,而是因为在 385 年之后,一个国家要郑重重审历史故事中的案件,为一个被处死的"女巫"恢复清白名誉;并且,以此为起点,重审所有"女巫"案件,为冤魂们一一洗冤。

这则题为《德国重审385年前"女巫"案》的新闻,刊载于2012年2月15日的《新京报》,全文如下:

> 2012年2月13日,德国开始重新审理385年前一起火刑处死"女巫"的案件,意在为这名"女巫"恢复清白名誉。
>
> 1627年,德国科隆市女子卡塔琳娜·赫纳特因"施黑魔法"的罪名被判火刑。在遭到残酷的折磨后,赫纳特最终被游街示众并绑在火刑柱上烧死。近日,科隆市市议会决定重新审查385年前将赫纳特送上火刑柱的证据。据悉,赫纳特曾是科隆市的邮政局长,这起"女巫"案可能是她的政敌的阴谋陷害。
>
> 1500—1782年之间,至少有25 000名德国人被以"施行巫术"的罪名处死,其中大部分是妇女,也有一些男性和儿童。这些人中有些是遭到仇人陷害,有些是自然灾难的替罪羊,还有一些甚至仅仅是因为不合群就被当作"巫师"杀死,现在德国许多城镇和村庄都已经着手恢复他们的名誉。

这则新闻仅仅报道了三百多年前德国死于"施行巫术"罪名者的数据。事实上,从14世纪到17世纪,整个欧洲都陷入了审判"女巫"的风暴中。大量被指称"女巫"者相继被捕,经过残酷的拷问逼供后,再以火刑处死。据林岚发表在2011年10月18日的《法治周末》上的文章《"女巫"大审判》统计,在法国洛林,单是从1576—1606年,就处死了3 000人;在波尔多,单是1577年就处死了400人;在德国特里尔,从1587—1593年,就处死了368人;在维尔茨堡,从1623—1631年就处死了900人;在汉堡,从1623—1633年就处死了600人。窥一斑而见豹,可知当年欧洲的天空中,在火刑燃起的浓浓烟雾里,飘浮着多少被冤死的"女巫"痛苦而又无助的灵魂。

据史料记载,在人类文明史上最黑暗的欧洲中世纪,处决"女巫"就如同马戏团的色情演出,常常是万人空巷地前来观看。一些男人更为起劲,因为这些"女巫"赤裸的身体、痛苦的扭曲,能给他们变态的感官刺激。在施以焚刑或煮刑的广场上,或是投河的桥边,排列着许多小摊,聚集着许多小贩,简直像在赶庙会。1681年,德国吕贝克地区的一家报纸发表了这样的新闻:"在距当地大约半小时路程的地方抓到了五个女巫,其中两个已被投入水中,其他三个也会尽快受到同样处置。当地有大批的人前往观看实况,其中有个酿酒商的儿子,骑着马匆匆地赶路前往观看,但失身落马,摔断了颈骨。"

在黑暗的欧洲中世纪,人性之恶在"女巫"们被肆意折磨、踩躏、摧残、虐杀的肉体上,达到了登峰造极的地步,其作恶的程度,超过了所有传说中最可怕的恶魔。这种登峰造极的作恶,并没有随着中世纪的结束而永远画上句号。事实上,在第二次世界大战中的德国和欧洲,人性之恶又一次大规模暴发,只不过,被肆意蹂躏、摧残,并最终被虐杀的肉体不再属于"女巫",而是属于600万犹太人。所以,中世纪的欧洲,远不是人类文明史上最黑暗的时刻。二战时期的欧洲,笼罩在犹太人头顶的死亡阴云,才是迄今人类文明史上最黑暗、最恐怖、最非人性、最反文明、最反人类的夺命鬼魂。

正是基于这个历史背景,我才会对重审385年前的"女巫"案的新闻,如此震撼。为什么要重审这个古老的案件?显然,这不仅是德国对自身历史的反思,更是对自身历史的负责,对自身现实和未来的警示与告诫。重审"女巫"案告诉活在当下的每一个人,不要以为历史可以画上句号,事实上,历史永远没有句号,也不可能会被谁画上句号。无论强权有多强,无论淫威有多淫,无论专制有多专,历史永远是历史,真相永远是真相,没有人能彻底打扮历史,也没有人能永远掩盖真相。历史就站在那里,真相就站在那里,终有一天,它们会牵起手。当这一天到来时,所有的强权、淫威、专制,都会成为跳梁的小丑,而将这样的小丑绑在火刑柱上燃烧,人类将会迎来光明。

我深信,没有人愿意看到历史悲剧的重演,没有人愿意活在随时可能被"巫"名化的社会,没有人愿意成为人类文明黑暗时代的牺牲品,没有人愿意出现在385年后的案件重审名单中……既然如此,每个人都应该也必须要有进一步推动改革开放的责任感、紧迫感、使命感,尽一切努力主动出击,对历史有所作为,对真相有所作为。

谁在让子弹飞

谁在让子弹飞？这个问题有点儿蠢。因为答案明摆着，当然是姜文在让子弹飞，而且射中了靶心：赚了票房，也获了奖。

2012年4月8日晚，中国电影导演协会2011年度表彰大会在北京举行，姜文凭借影片《让子弹飞》，获得年度影片、年度导演两项大奖，主演葛优获得"年度男演员"称号。这个结果，可谓"一弹三雕"。

在发表获奖感言时，姜文说："没有电影就没有今天的我。"其实，姜文这话说得并不完整。事实是，没有姜洪齐和高阳，就没有今天的姜文。姜洪齐是姜文他爹，高阳是姜文他娘。当然，姜文特指的是自己的艺术生命，我特指的是姜文的生理生命。

如果非要追根溯源，用今天的话说，姜文也算是"官二代"，并且是比"官二代"更牛的"军二代"。他爹姜洪齐是军官，他娘高阳喜欢舞蹈和音乐，属于英雄爱美女式的夫妻。两个人相爱的结果,便是有了姜文,有了姜文的弟弟、妹妹,姜家于是香火流传。

姜文继承了他爹的职业,让子弹飞。不过,姜文只是在电影中让子弹飞,不像他爹是在现实中让子弹飞。但,姜文的子弹,比他爹的子弹飞得更有出息,也飞得更浪漫,所以,尽管满城尽是"子弹飞",可不仅没有伤害一个人,反而射出了无限多的人间娱乐。

那么,除了姜文,还有别的"官二代",也在让子弹飞吗?或者说,也能让子弹飞吗?这个问题也有点儿蠢。因为答案也明摆着,当然有,而且有不止一个"官二代"在让子弹飞。

先来看一位叫牛豪的。这位1983年出生的年轻人,24岁时就被提拔为河南省漯河市房管局召陵分局副局长,其父曾任漯河市房管局纪委书记。估计是仕途太过顺利,以为"官二代"真可以当护身神符用,牛豪的行事风格牛气冲天,在遭遇《党的生活》杂志社记者袁虞卿的批评性采访后,居然用枪顶着记者的头,威胁并殴打记者。

只是,牛豪不是牛二,没有蠢到十分,只是蠢到了七分,还留着三分的小聪明。所以,他让子弹留在了枪膛里,并没有真的让子弹飞。尽管如此,一时间,"房管局长持枪行凶"还是迅速成为网络热词,牛豪也闪电般被人肉搜索,挖出了阿爹阿娘。那颗没有射出来的子弹,就这样几乎是自杀式地射向了牛豪自己,很可能从此断了仕途。

然而,耐人寻味的是,当越来越多的媒体介入报道后,牛豪是否持枪,却又成了一团迷雾。2012年4月7日晚,河南省漯河市警方向新华社记者证实,牛豪因涉嫌非法拘禁被警方刑事拘留。但是,当记者问及犯罪嫌疑人牛豪殴打威胁前往采访的媒体工作人员时是否持有枪支,漯河市警方则称,"目前正在调查,无法肯定,也无法否定"。

"无法肯定,也无法否定。"这样的回答,真是高明。那么,在这个极为敏感的问题上,是否有理由怀疑,当"房管局长持枪行凶"在网络上引爆之后,为了掩护牛豪撤退,那些隐身在战壕里的牛豪的战友们,迅速组织了超强的火力,让数不尽的糖衣子弹飞?

再来看一位叫李重廷的。这位年轻人和牛豪不同,不是让子弹留在了枪膛里,而是让子弹飞。2012年4月5日,这位河南省郸城县正县级干部赵爱梅之子,身为检察院干警的"官二代",因为在吃饭时与人争执,于是,人借酒威,酒借人势,持枪在手,让子弹飞。然而,子弹跑靶了,没飞中"靶心",却偏偏飞向了一位烤羊肉串的小贩。

可怜这位名叫曹五军的小贩,卖了一二十年的羊肉串,刚赚了点儿辛苦钱,好不容易把老房推倒,打好新房的地基,命就被李重廷射出的子弹飞没了。案发后,虽然郸城县警方向记者证实了枪击一事,但对持枪者的身份,却三缄其口。直到媒体的报道铺天盖地,网络的舆论势如潮涌,李重廷的检察院干警身份、其母作为当地正县级干部的身份,才被逐一曝光,李重廷也因涉嫌故意杀人罪,于2012年4月6日被其工作单位郸城县人民检察院依法批准逮捕。

两位年轻的"官二代",李重廷4月6日被批捕,牛豪4月7日被刑拘,前者完成了让子弹真实飞的全过程,后者则让子弹真实飞未遂。但是,从施暴的心态上讲,从行为的疯狂上讲,他们其实都让子弹飞了,并且都射中了同一个目标,那就是不仅给今天的中国社会制造了巨大的痛感,而且撕裂了本来已经十分严重的群体间矛盾与冲突的伤口,使公众早就已经非常脆弱的神经更加不堪一击。

从这个角度上说,他们飞出的子弹,其实射中了每一个生活在当下的中国人。而为了掩护他们撤退或尽可能多地减轻罪责,他们那些隐身在战壕里的战友飞出来的糖衣子弹,同样射中了每一个生活在当下的中国人。显然,这样的让子弹满城飞,射出来的绝不可能是娱乐,而只会是越来越激烈的社会矛盾,越来越严重的社会不公,越来越外化的群体间冲突。这样的子弹,已不是普通的子弹,而很可能是原子弹:一弹倾人城,再弹倾人国。

更令人忧心的是,最近连续发生的海外枪击事件表明,在非战争的状态下,真实的子弹,并不只是飞在中国的土地上,而是飞在世界的每一个角落,不断引发更多族群间的矛盾与冲突。这样的矛盾与冲突导致的后果,又将使世界上的每一个人,都无法置之度外。

如果说,一只美丽的蝴蝶,在地球这边轻轻扇动一下翅膀,就可能会在遥远的地球那边的一个国家,造成一场可怕的飓风,那么,一颗真实的子弹,从地球这边悄悄射出去,又可能会在遥远的地球那边,掀起多么巨大的惊天骇浪?毕竟,一颗子弹的能量和速度,是蝴蝶振翅的上万倍。别忘了,第一次世界大战的引爆,就是在1914年6月28日的巴尔干半岛上,一位名叫普林西普的塞尔维亚族青年,让自己枪膛里的子弹,飞向了奥匈帝国皇位继承人斐迪南大公夫妇。

所以,2012年3月19日,当23岁的阿尔及利亚籍法国青年穆罕默德·梅拉赫,让子弹飞向法国图卢兹市一所犹太学校的师生,造成4人死亡,其中有3人是父子关系,30岁的父亲是该校教师,两个孩子分别只有3岁和6岁,我感觉无限悲哀;2012年4月2日,当43岁的韩国裔男子温戈,让子弹飞向美国加利福尼亚州一所私立学校的师生,造成7死3伤的惨剧后,悲哀几乎将我淹没。

更令我痛感悲哀之悲哀的是,先后射杀了7人的穆罕默德·梅拉赫声称,此举是要为巴勒斯坦儿童复仇。我问自己:今天的世界,为何进入了让子弹狂飞的时代?在这样的时代,谁会是下一个让子弹飞的凶徒,谁又会是下一个被子弹飞中了的不幸者?要知道,让子弹飞,早已经不是姜文电影中的戏言,而是越来越多的人以暴易暴、宣泄对社会不满情绪的首选手段。所以,写到这里,对20世纪60年代曾在美国流行的一句反战名言,我突然有了恍若开悟的感觉:"要做爱,不要作战。"是啊,让爱和做爱射出的子弹飞吧,这样,我们还可以享受美妙人生。而让仇与复仇射出的子弹飞,我们所能得到的,恐怕只有突然毙命街头的悲惨人生。

当权力失控,罪恶便会成滔天洪流

没有人可以否认,权力是一种春药,它可以让天使堕落成魔鬼,也可以将魔鬼打扮成天使。任何人,一旦服用了权力这种春药,人性的一面就会迅速退隐,兽性的一面就会迅速膨胀。

也正因如此,对所有服了权力这种春药的人,都必须牢牢关在严密看守的铁笼中,即便他们有了疯狂的发情欲望,也只能喘息着自慰,而不能肆意将魔爪伸向彼此毫无法律与道德关联的他人。否则,他们就要受到人神共诛的严厉惩罚。道理很浅显:在疯狂的权力春药刺激下,权力占有者喷射出的,绝非繁衍后人的精液,而是繁衍罪恶的毒液。这种毒液所经之处,必将会哀鸿遍地,群魔乱舞。

这是保卫社会的常识,也是警惕权力的常识。

人们常说,当权力不受监督,就会导致绝对的腐败。实际上,当权力不受监督,导致绝对的腐败还只是表面,在更深层上,它更会导致绝对的邪恶,并从邪恶出发,制造出绝对的罪恶。而由于权力之杖所指并非特定的个人,而是普遍意义上的绝大多数无权的普通人,所以,绝对的罪恶便会像滔天洪流一样,瞬间吞噬无数无辜的人。

也正因为这样,法国国王路易十五才会说:"我死之后,哪管洪水滔天。"虽然,后来有人考证说,路易十五说的其实是"我死之后,将会洪水滔天"(法文原文:Après moi, le déluge),但无论是哪一种,"洪水滔天"的后果都是一样的。故此,路易十五并不怨,怨的是在他的暴虐统治之下,受尽磨难的普通百姓。为什么他会成为法国最不得人心的国王?"洪水滔天"的恶果就是最重要的原因。

很遗憾,也很可怕的是,这些天里,一头又一头服了权力春药的恶兽,正向越来越多年幼的女孩子——我们亲爱的女儿们,疯狂地喷射着他们繁衍罪恶的毒液!这些毒液汇集在一起,正在形成更加罪恶的滔天洪水,掩盖着无数的罪证,吞噬着无数的百姓。如果再不向这些恶兽宣战,如果再不筑起高高的堤坝,奋起阻挡罪恶的滔天洪水,那么,我们的家园会破败成废墟,我们的血肉会低贱为粪土。

2012年5月27日,网曝浙江省永康市发生市人大代表"嫖宿"女学生事件,且涉及多名企业家。经媒体调查,目前,永康警方已对犯罪嫌疑人陈某等6人依法批准逮捕,另有3人正在提请检察院批准逮捕、1人上网追逃。其中,永康市人大代表胡某正按有关法律程序办理拘捕。在这里,我之所以要给"嫖宿"加上双引号,是因为当地官方说明和媒体报道用词本身,存在严重的法律问题,涉嫌为犯罪嫌疑人开脱。要知道,"嫖"事涉买卖,而对未成年的在校女生而言,无论是否存在金钱关系,都毫无疑问是"强奸"。

2012年5月28日,媒体从河南省公安部门获悉,涉嫌强奸十余名女学生的永城市委副秘书长、市委办公室副主任李新功,在被刑事拘留后,交代了其同案犯。据李新功手机短信显示,这位恶兽非处女不要。每奸淫一位幼女,都拉到无人之处,任孩子撕心裂肺地哭叫,都无法停止其兽行。有的孩子哭求他说:"我才13岁,叔叔别这样呀!"但,无济于事。在受害幼女中,最小的才11岁。

这两起案件的被曝光前与被曝光后,有很多不正常的共性问题出现,如案情都是网络曝光在前,警方查证在后;案情都是当地官方躲闪甚至遮掩在前,网络强烈质疑之后,当地官方再承认、表态在后;涉案人数尤其是受害者人数,都是网络"放水"在前,当地官方"缩水"在后,如永城市的受害人网络曝光为近百人,而当地只承认有十余名;案情被曝光后,当地官方无一例外都下达了封口令,不允许任何人随便发布有关信息和接受媒体采访。有媒体记者在发稿前,甚至被别人劝说"最好不要先去采访,届时朋友会表示感谢"。

简单分析这些问题之后,就不难发现:这种罪恶的洪流绝不是一天汇成的,甚至不是一个月、一年汇成的,而是经历了长期的潜滋暗长,甚至是长期的同流合污。因此,公众的怒火便不能仅仅只是烧向这些已经被抛向沙滩上的"食人鱼",而是必须要追根溯源、挖地三尺,看看除了这些魔兽般的"食人鱼",到底还有谁没有被抛向沙滩,还有谁深潜于暗流之底,还有谁依然在为罪恶推波助澜。

在此基础上,还需要朝更深层次上推进,看看到底是什么原因,让看笼者变成了睁眼瞎,使本应被牢牢关在笼中的恶兽,大摇大摆地走出了笼子;又是什么原因,让本应被公开的详细案情信息,牢牢地锁进了暗箱之中;更是什么样的原因,让这类人神共愤的罪恶,异地而同时一次次得逞、发酵、扩大;还有什么样的原因,促使"封口令"大摇大摆地异地而同时悍然出笼,比恶兽本身更恶地继续掩藏罪恶、发酵罪恶,为更大的罪恶出现,制造着更为肥沃的土壤……

如果不能做更深层次的挖掘,不能做更深层次的思考,那么,即便被抛向沙滩的"食人鱼"一条条被撕了,被煮了,被烹了,也无法避免一条又一条更多更凶狠更罪恶的"食人鱼"跃出水面"食人"。更重要也更恐怖的是,这些"食人鱼"们很可能会汇成另一种滔天的洪流,最终在吞噬了一切之后,开始更为疯狂的互噬与自噬。

CCTV 能让多少双"破鞋"不再重来

过去,一提"破鞋"这个词,无数人马上会将它和乱性的女人联系起来,认为这样的女人不是好女人;相应的,一提"搞破鞋"、"耍破鞋",无数人又马上会将它和乱性的男人联系起来,但却未必会因此认为这样的男人是没本事的男人。比如,《钟馗斩鬼传》第八回中就有这样的说法:"若论他的本领,倒也跳得墙头,钻得狗洞,嫖得娼妓,耍得破鞋。"显然,这是男权社会的典型观念。

在传统中国社会中,"破鞋"的帽子很大,一旦戴上"破鞋"的帽子,一个女人的一生就算彻底毁了。即使被流氓男人调戏、侮辱、猥亵、强奸甚至轮奸,只要头上顶着"破鞋"的帽子,那就真正是"跳进黄河也洗不清"。所以,只要遇到这种事,可怜的女人们迫于巨大的道德压力,常常一死了之。更可怕的是,给谁戴上"破鞋"这顶帽子,并不需要法律的裁决,这就给男人找到了逃脱罪责的最佳借口。

于是,就形成了奇怪而又荒谬的性道德逻辑:"破鞋"有罪,"搞破鞋"无罪。更甚者,不仅"搞破鞋"无罪,反而像《钟馗斩鬼传》中所说的那样,成了一些男人夸口的资本。在这里,一个"搞"字,充分暴露了强势者的人性之恶,也同时暴露了弱势者的命运之苦。这种歧视性的、扭曲的性道德逻辑,之所以能长盛不衰,而且并不仅仅限于性本身,当然是强者太强、弱者太弱的社会大环境使然。

如今,"破鞋"这个词,我已经很久没有听到了。事实上,由于社会的进步、文明的提升、性观念的解放,"破鞋"所特指的乱性女人、妓女等概念,正在被扫进历史的垃圾堆,不会再有男人敢用"她是破鞋"这个理由来开脱自己的罪责。因为男人们知道,根据现行的法律和道德观念,即便对方是妓女,自己也无权不经对方允许,就与之性交。否则,就必须承担强奸的法律后果。

然而,对"破鞋"这个词语而言,虽然旧的含义正在消亡,但新的含义却正在生成,那就是"明胶"。耐人寻味的是,"明胶"作为"破鞋"的新含义,和"乱性女人"作为"破鞋"的旧含义一样,也和道德观、法治观紧密相连,并且在一些药品生产企业的眼里,荒谬的逻辑完全一致:明胶有罪,搞明胶无罪。

为什么这样说?别着急,且听我慢慢道来。

2012年4月15日CCTV《每周质量报告》报道,一些企业用包括破皮鞋、破皮衣、下脚料等在内的皮革废料,熬成工业明胶,将其卖给药用胶囊生产企业,最终流向消费者。调查发现,9家药厂生产的13个批次药品,所用胶囊的重金属铬含量超过国家标准规定2mg/kg的限量值,其中超标最多的有90多倍。这些被曝光的药企,包括修正药业集团、青海格拉丹东药业公司、通化金马药业集团、长春海外制药集团、通远药业公司、吉林辉南天宇药业、四川蜀中制药等。

药,本来是用于治病救人的,不是用于夺命害人的。但是,这9家药企生产的药物,因为违法使用皮革明胶作胶囊,其目的,显然是用于夺命害人的,而不是用于治病救人的。要知道,《中国药典》规定,生产药用胶囊所用的原料明胶,至少应达到食用明胶标准;而按照《食用明胶》行业标准,食用明胶应当使用动物的皮、骨作为原料,严禁使用制革厂鞣制后的任何工业废料。而破皮鞋、破皮衣、破皮带,正是工业皮革废料。

这个惊天黑幕被CCTV揭露之后,修正药业官网一度被黑,网页被网民改以"我的烂鞋子被你们拿去做胶囊了吗?"开头的六行字。显然,这是公众在表达愤怒。随即,修正药业高级副总裁王之光对外回应称,CCTV送检的批号生产日期在新国标实施之前,此前铬元素含量并未纳入检测范围。这样的回应,一下子就让人想到了男性流氓在性犯罪之后,企图逃脱罪责的无耻嘴脸:"我搞的是破鞋!"潜台词很明显,那就是:含铬的明胶有罪,搞含铬的明胶无罪。

但,旧国标并不是"破鞋",不是想借此逃遁,就可以逃遁得了的。就算铬元素含量未被旧国标纳入检测范围,依据《中国药典》和《食用明胶》行业标准,这些无良的药企,也罪责难逃。更不必说,由于使用皮革明胶作药用胶囊,其胶囊的铬含量超过国标限量值,最多者竟超标90多倍。这样的胶囊,哪里还是一粒粒救人性命的胶囊,分明就是一颗颗杀人不见血的子弹!这样的一家家药企,哪里还是一个个经济实体,分明就是一伙伙噬血如命的强盗!

可是,这样一群噬血如命的强盗,在光天化日之下,在朗朗乾坤之间,到底是怎么养成的,到底是怎么做大的,又到底是怎么将罪恶之手公然伸向公众的?这个"皮革明胶"的食品和药品污染链,到底有多长,到底有多少恶人在这条污染链中获利,到底有多少好人在这条污染链中受损,这种受损的程度又到底有多深?这种天怒人怨的极端问题暴露之后,到底有多少作奸犯科的强盗会受到严惩,到底有多少涉嫌失职甚至渎职的监管者会被追责,又到底该采取什么措施和手段避免重蹈覆辙?如果这些问题,没有公之于众的答案,那么,仅靠CCTV的曝光,谁敢保证一双双"破鞋"不会重来?

人可以踏进"同一条河流"
——读《中国生态危机》

很多很多年以前,在遥远的古希腊,有一位名叫赫拉克利特的哲学家,他坚信"太阳每天都是新的","一切皆流,无物常住",说:"人不能两次踏进同一条河流。"为什么呢?他觉得,当人第二次踏进这条河流时,河里的水已经变成了新的,那过去的水流啊,已经如我们的孔夫子所说,"逝者如斯夫"了。

然而,很多很多年以后,如果赫拉克利特看到了下面这两条中国河流的命运,他所谓"人不能两次踏进同一条河流"的观点,恐怕得考虑做一番"修正"了。尽管,太阳依然每天都是新的,但是,在阳光照耀之下,在中国这片土地上,无数条小河大河,正在以极其惊人的速度,迅速地变成"同一条河流"。

有一条弯弯的小河流过我家乡的村头,不知流淌了多少岁月。我们不知道这条小河叫什么名字,地图里也找不到它,就按我们的方言,称它为河沿。河沿分上河和下河,上河水急且清,从芦苇丛穿过,芦苇岸边是树林,有枫杨、旱柳、槐树、榆树和核桃树;河水流经村庄前,河面变得宽阔起来,就称为下河了,最令人难忘的是下河宽宽的河床上那迷人的银沙滩。

小时候,最快乐的事情就是到小河里游泳,虽然水深的地方发生过危险,大人不让孩子们到河里去,但我们仍然偷着去,非但小孩子喜欢到河里去,大人们也喜欢。劳作一天后,大人们总要到河里去洗澡,特别是天黑之后,男人们在上河洗,女人们在下河洗,那个时候可没有空调风扇,最好的避暑方式就是去水里。洗过澡后,男人们到打麦场继续乘凉聊天,女人们则回家照应第二天的生计。

这两段文字描写的小河,名叫金线河,它是淮河的小小支流,"我"就是山东籍学者蒋高明先生。按蒋高明所说,他终于查到这条小河的名字是在2008年。不过,这条有着迷人的银沙滩的迷人的小河,早在2008年前,就已经"死"了,"水再也不能喝,人们再也不能到里面游泳了"。

在村庄的西面,有一条宽阔的大河,它的源头在哪里,日日夜夜又流到哪里,谁也不知道。河的两岸,是一眼望不到边的果园,里面种满了苹果树、梨树、桃树、杏树。果树下,那一小块、一小块的空地上,还季节性地种着农作物,像西瓜、黄瓜、西红柿、甘蔗等,还有金银花等药材。一年四季,这里都是孩子们的乐园……

只要妈妈牛不下田干活,不刮风下雨,一放学,兄弟俩就会骑着妈妈牛,慢悠悠地到河边吃草。等妈妈牛吃饱了,他们又会把她领到果园里,让她也一起享受果园里那种天堂般的幸福。

这两段文字,出自我荣获冰心儿童文学奖的长篇小说《快跑,妈妈牛!》。小说中这条大河的原型,是我的故乡河南省柘城县的一条名叫废黄河的河流,它离我的家不到半公里,是黄河的小小支流。就像蒋高明故乡的金线河一样,我故乡的这条废黄河,也承载着我童年的幸福时光,承载着河两岸乡亲们的幸福生活。

不过,故乡的这条废黄河,也像金线河一样,早就"死"了,而且比金线河"死"得更早。在我1995年大学毕业时,有一次回故乡,远远就能闻到它的"尸臭"。河两岸的果园、菜园,早在这条河"死"之前,就先行死去了,包括废黄河在内的那种天堂般美丽迷人的风景,从此只能借助文学的想象,只能借助我笔下的语言,在我的小说里"复活",成为一种遥远而又遥远的传说。

如今,虽然废黄河两岸的土地,早已经改种了庄稼,但是,听在故乡务农的二哥说,这两块地里收获的庄稼,不管是小麦、玉米、黄豆,还是花生、土豆、地瓜,乡亲们很少自家吃用,而是大部分卖到了市场上,或者交了"公粮"。

这两年,虽然经过治理,废黄河里重新有了小鱼、小龟、泥鳅、鳝鱼——从前,捕捉到几十斤重的大鱼、十几斤重的乌龟,都是稀松平常的事情——但是,乡亲们在农闲时节捕获了它们之后,也一样从不自家吃用,而是全部卖到了市场上,据说,买的全部是"城里人"。在这里,你说农民狡黠也好,不地道也罢,反正他们知道,"城里人"好这口儿,也吃得起这口儿,愿意掏钱买来吃;而且,"城里人"还最喜欢"野生的",只要和"野生"挂上边,贵一点儿也情愿。

其实,废黄河的死,恰恰是"城里人"一手造成的。多年以前,在它的上游,"城里人"建了一座全县最大的造纸厂,还建了一座全县最大的化肥厂,这两家工厂的生产废水,几乎未经任何处理,就日日夜夜地流进废黄河里。还是在我读初中的时候,就曾见过这些工业废水,它们给我的感觉,不是从造纸厂和化肥厂流出的,而是从地狱流出的:颜色暗红,泛着黄色泡沫;味道恶臭,刺鼻、熏眼。很多"城里人"在这两个厂上班,他们用挣来的工资,换取被污染的食物。

河之南如此,山之东如此,河之北、山之西,又何尝不是如此?在今天的中国,放眼东南西北,我们还能找到多少条不被污染的江河湖海?令人无限悲哀的是,眼下,越来越多的江河湖海,都正在同样的悲剧性命运上一去难回头:被污染,然后死亡。与它们一起死亡或濒临死亡的,还有这些水域曾经哺育的大片大片的肥沃土地,以及在这些土地上不断重复上演着的农民"自杀"与"被自杀"的悲剧——一个又一个"癌症村"的出现,就是事实。

在《中国生态危机》这本书中,蒋高明就以个案列举的方式,给读者讲了这样一个"癌症村"的故事:

> 2009年7月,我收到某环保组织对华北某"癌症村"的调查报告,报告中显示的数据令人触目惊心。该村的东、西、北三面临河断面,正处在污染物包围之中:河水乌黑,散发着令人窒息的恶臭;卫生巾、塑料袋丢得到处都是;狗、猫、牛等动物毫无生息地趴在那里;连空气中都弥漫着令人窒息的气息。在不到10年的时间内,该村已有30位村民死于癌症或白血病,死者年龄大约在55至60岁之间。癌症村不仅出现在大都市所在的远郊区县,全国上下有案可查的就有近百家。由于生存环境严重遭到污染,那些村庄已不适应人类居住。

也许存有什么顾虑,在这里,蒋高明没有对这个"癌症村"点名。不过,从我掌握的资料看,这个"癌症村"应该就是距离北京天安门不到50公里的、河北省大厂县夏垫镇的夏垫村。流经该村的这条河,名叫鲍邱河,它源起河北廊坊三河、北京密云界上,向南流经北京通州、廊坊燕郊、河北夏垫镇包括夏垫村在内的多个村庄,最后沿东南方向,经宝坻林亭口至八门城汇入蓟运河。

据公开的报道说,10年前,在鲍邱河里还可以摸到鱼,村民们也常在码头上洗衣。但是,这一切在2000年后,就像我故乡的废黄河、蒋高明故乡的金线河一样,变成了村民们永远的回忆。这一悲剧的形成,依然是工业污染。2004年,大厂县环保局在一份报告里称:夏垫镇4个轧钢厂、杨广起2个造纸厂和燕郊的污水,是污染鲍邱河的"主凶"。然而,"主凶"虽然已经被找到了,但是,在GDP高于一切的现实政治环境之下,"主凶"不但没有落入法网,反而继续为害一方。也正因如此,在一些地方,GDP成了带血的怪胎,它不但没有给当地民众带来福祉,反而成了在"主凶"背后推波助澜的幕后黑手。

实际上,即便在北京的周边省份中,像鲍邱河这样被严重污染的河流,像夏垫村这样的"癌症村",远不止一两个。比如,天津市西堤头镇的西堤头村和刘快庄村,也是众所周知的"癌症村",它们现在被上百家毫无技术含量的工厂包围,成了名副其实的"污染地狱"。以刘快庄村为例,据知情人士说,"几乎每家都有人患上和死于癌症,最小的仅仅7岁"。

即便如此,当地政府发言人还依然只是承认,"工厂离住户很近,某种程度上影响了村民的正常生活",却拒不承认"癌症和化学生产之间的联系",甚至声称,化学生产是否会致癌,"目前还没有科学答案"。这真是瞪着眼睛说假话,撒谎还不脸红。然而,这样的政府发言人却又并非"只此一家,别无分店"。

事实上,绝大多数"癌症村"所属的地方政府,都不承认急剧增多的癌症病人与恶性环境污染之间的关系,更不必说为此而主动承担法律责任。这些地方政府宁愿要带血的GDP,也不要民众的生命健康安全。应该说,中国的生态危机和这种"疯狂的GDP"有着最直接的关系。然而,这些无视环境保护的地方政府并不知道,"血债最终还要血来还",终有一天,该还的都要还,并且要为此而付出更大的代价。今天的一个GDP,明天就要用十个甚至百个GDP来偿还。

在《中国生态危机》一书中,蒋高明还关注了垃圾包围城市、靠化肥养活人口还能维持多久、谁向我们的盘中餐频频投毒、中国森林大衰退、中国湿地大劫难、消失的生物多样性、消失的生物多样性等诸多问题。看得出,作为一位严肃的、有正义感、有公益心、有专业素养的著名科学家,蒋高明不但是在用智者无畏的良知观察、思考与写作,更是在用勇者无惧的胆识揭露、疾呼与警告。

作为长期关注中国环境保护问题的作家和媒体人,我对书中提出的这些问题的严重性、紧迫性、危机性,并不感到陌生,但是,我却必须承认,就像蒋高明对它们充满忧虑一样,我也同样忧心忡忡。因为我知道,中国真正的生态危机,可能比蒋高明在书中描述的还要严重,甚至严重得多!毕竟,再多的文字、再多的图片,也不足以呈现中国大地上所有已经发生过的环境与生态悲剧,更不必说那些正在发生以及正在酝酿中的环境与生态悲剧。

所以,蒋高明在本书中提出的种种警告,都绝不是杞人忧天:如果我们再不开始行动,将环境保护与生态保护真正置于GDP之上,让人的综合幸福与发展指数高于一切,这些警告就会很快一一变成现实,并且是以每一个人都会有着切肤之痛的悲剧形式呈现——河岸边的"癌症村",将以"星星之火,可以燎原"的形式、规模和速度,朝着城市无情蔓延,最终出现一个又一个"癌症城"。一旦如此,无论是城里的人,还是城外的人,都将无所谓"进去"或"出来"。

其实,早在改革开放之初,就已有人提出,作为后发展国家,中国更应吸取发达国家在经济社会发展过程中遭遇的沉痛教训,不能继续走"先发展、后治理"的老路,否则必将付出更加沉痛的代价。然而,"警世钟"虽响,中国依然踏进了以牺牲环境和生态为代价,换取GDP高速增长的"血河",而且是一踏再踏,甚至在踏的过程中,变无数道迷人的清流,为同一股害人的黑水,虽然"国在山河破",却至今仍不知"猛回头"。如此下去,国将焉在,民将焉在?

所以,从现在开始——

醒来吧,我的中国,不可再陶醉于那带血的GDP!

醒来吧,我的同胞,不可再迷信于那金钱的万能!

醒来吧,我的大大小小的母亲河,让你的清流,重新成为乳汁!

(本文系为蒋高明所著《中国生态危机》一书所做的序言)

一棵榆树的故事

在北京,我所居住的小区墙外,自然生长着一棵榆树。这棵树很年轻,树围不到一握,但却枝繁叶茂,郁郁葱葱的。这棵树又很传统,是老北京的乡土树种,只是在新北京城里,特别是在街道两旁,你很难见到它的兄弟姐妹了。它之所以还能守着乡土,仅仅只是因为,它刚好躲到了一个无人关注的角落里。

事实上,不只是北京,在中国的很多城市里,乡土树种早已被大量赶出乡土,可怜的它们不像动物一样,即便被驱赶了,也还可以去他乡流浪——"树挪死,人挪活",中国的这句古老谚语,道出了它们最终的命运。取而代之的景观树,是法国梧桐、美国火炬等外来树种,身为入侵者的它们,早已变成了主人。

特别令人沮丧的是,这种生态入侵的悲剧,正从中国城市的现代化舞台,大规模、高速度、强有力地登上中国乡村的无数土戏台。像我的故乡河南省,据当地记者调查,"榆树、楝树等乡土树种正在消失",同时消失的,还有椿树、槐树等乡土树种,单一经济树种杨树、泡桐等,则占据了绝大部分河山。这些单一树种的大面积侵扰,严重破坏了各地的生态平衡,苦果已经次第酿成。

正因为这样,对这棵年轻的榆树,我抱有了一种奇妙的感情,珍惜、爱怜、亲和、尊重……诸般感情,都自然而然倾注到它身上。在阅读了美国作家佛瑞斯特·卡特的小说《少年小树之歌》,并为之醉倒后,每当我在这棵年轻榆树的树荫下锻炼身体,或者和女儿一起玩童年游戏时,我总会产生一种更加奇妙的幻觉,那就是像小说中的印第安少年小树一样,用心灵和年轻的榆树对话。

我懂这棵年轻榆树的心。它虽然躲在北京这座巨大城市的小角落里,没有其他乡土树种的相伴,形只影单,却并不寂寞。这是不是又是一件奇妙的事?噢,虽然这棵树很年轻,但它却是一些乡土的鸟儿比如麻雀、喜鹊、黄鹂、斑鸠赛歌的舞台,无论是在美丽的晨光中,还是在午后的暖阳里,总会有鸟儿在它的枝头唱歌。遗憾的是,这棵树还是太年轻了,所以,没有鸟儿在它的枝头安家。

其实,不只是这棵年轻的榆树,在北京的很多树上,鸟窝越来越少。2008 年北京奥运会前夕,我曾接受一家杂志社的采访,记者的问题是:"你在北京见过鸟窝吗?"我的回答是:"我只在北京郊区的大树上见过鸟窝。"当然,这个回答只是我个人的感受,并不准确。事实上,2009年冬天,在北京玉渊潭公园的一棵大树上,我终于看到了一个鸟窝。不过,这样的机会很少。实际上,像麻雀、喜鹊、黄鹂、斑鸠这类北京乡土的鸟儿,也正在成为稀客。

夏天到来时,在这棵年轻榆树的舞台上,知了也会加入赛歌的行列。只是,北京的知了越来越少,偶尔听到知了的鸣叫,竟然恍如天外来声。这一点儿也不奇怪。今天的北京,适合知了产卵的乡土树种越来越少,裸露的自然土地越来越少。为了防止和减少扬尘,越来越多的土地,被水泥硬化或者砖化了。这样,即便偶尔有知了的幼虫,在黑暗的地下奋斗了数年,等待它这位未来歌者的,依然只是死亡——它有再大的力量,也钻不透那坚硬的水泥和砖块。

这样做的结果,不但使知了这种乡土昆虫日渐消亡,像蟋蟀、瓢虫、蚂蚱等乡土昆虫也越来越少;更令人啼笑皆非的是,扬尘不是减少了,而是增多了!原因很简单,空气中的沙尘无法回归土地,只好日复一日、年复一年地,像无处可归的浪子一样,漫无目的地四处漂泊,而北京又恰恰是外来沙尘暴最经常光顾的城市!由土地硬化导致的另一个恶果是,雨水难以渗入土壤补充地下水,只好白白流失,而北京恰恰是严重缺水、地下水开采严重超标,已形成巨大漏斗的城市。

所以,我怎能不珍惜这棵榆树?尽管,它是那么年轻!

就像我所居住的小区一样,如今的北京,虽然房价始终居高不下,而且步步登高,新建居民小区却一个接一个拔地而起,人们穷尽一生的积蓄,更多人负债累累,一个接一个搬进水泥囚笼。只是,在这些小区里,你很难发现有一棵像样的、自然生长起来的乡土树!哪怕,像这棵榆树一样年轻。要知道,它的根扎在隔壁小区里,这个小区的历史,据说有10年以上的历史了。因此,它是老小区里自然长出的年轻树。

现在,你应该知道了,其实,我只是借了这棵年轻榆树的半树之荫!这当然算不得"诗意地栖居",也谈不上宜居。人的家,一旦离开了树,特别是离开了乡土的树,无论这个家多么现代化,多么奢侈豪华,也谈不上宜居,更不必说是诗意。水泥地上有诗意吗?水泥森林里有诗意吗?没有鸟窝的诗意是什么样?当乡土不再是乡土,当春天越来越寂静,当狗尾巴花等乡土植被越来越难觅踪迹,即便街道两旁处处盛开异乡的花朵,我们的家无论怎么装饰,都会索然无味。

亲爱的读者也许会问,一棵年轻的、不起眼的北京榆树,和《环保NGO的中国故事》这本书有什么关系吗?当然有。实际上,我之所以要用这棵年轻榆树的故事,作为"环保NGO的中国故事"这一系列故事的开场故事,是想告诉阅读这本书的每一个人:环境保护不是一个空洞的口号,它是每个人实实在在的生活;热爱环境保护不是一个玄虚的理念,它是每个人真真切切的人生。所以,很多投身于环保NGO的人才会说:热爱环保是一种生活方式。

不仅如此。通过这棵年轻榆树的故事,亲爱的读者还将会明白,真正高品质的现代化生活,并不是消费了多少物质,也不是占有了多少金钱,而是自己的灵魂是否与大自然融为一体,自己的心脏是否与大自然一起跳动。这种境界,从日常生活的角度而言,就是另一种形式的"天人合一"。一旦意识到了这一点,窗外草地上盛开的一穗穗狗尾巴花,要远比窗台上摆放的一盆盆名贵花草,更能令人感受生活的幸福、人生的美好、世界的奇妙。

也不仅如此。通过这棵年轻榆树的故事,亲爱的读者更将会明白,保护环境与破坏环境,并不局限于关注被污染的山河,被追捕的大自然生灵,被毒化的空气,被沙化的草原,被砍伐的森林,被水泥化的城市,被金钱化的资源……对普通人来说,它更多体现在我们的生活是怎样被恶性改变的,比如在像北京这样的城市里,很难找到可以亲近的乡土大树,很难听到可以陶醉的乡土鸟鸣,很难领略秋天到来时昆虫们合奏的交响,即便想亲一亲狗尾巴花也要到梦中去——城市的草坪,全是外来草种的天下,狗尾巴花等乡土草种,岂有立足之地!

所以,在《环保NGO的中国故事》这本书里,亲爱的读者,你将要看到的一个个故事,无论是"他们的故事",还是"它们的故事",其实就是你自己的故事,或者正在成为你自己的故事——他们这些人能做到的事,你也都能做到,因为享受美好环境,不是环保 NGO 人的独有专利,而是每一个人的天赋权利;而要实现这个权利,最重要也是最基础的,便是关心"它们的故事",把"它们"变成"我们"。毕竟,"它们的故事",实际上还是我们每一个人的故事。

(本文系《环保非政府组织的中国故事》中英文版自序)

中国,你的星座是什么

最近几天有一个新闻,说是有公司招聘新员工,提出了一个苛刻的条件,就是处女座和天蝎座不要。给出的理由是什么呢?说处女座和天蝎座的人个性太强、挑剔,做事往往做不长远。所以,处女座和天蝎座的求职者,NO,不要。

我看了以后,感到非常可笑,说实在的,直到现在我也不知道,我是一个什么星座的人,我对星座这个玩意儿向来是嗤之以鼻的,因为我始终相信人的命运把握在自己的手中,绝不在什么星座的手中。人的命绝不是天注定,而是人注定。

可是,在我们的社会上,很多人相信星座,当你听人聊天的时候,很多人都在说星座、星座、星座,我被不止一个人问过:曹老师您是哪个星座?我说,哎哟,我还真不知道我是哪个星座。他们接着又会问:你是哪一年哪一月哪一日出生的?我来给你算算。有真会算星座的,算出我是这个座那个座,但他们虽然算了,我还是始终不知道自己是什么星座,因为我左耳朵进右耳朵出,根本不会在意。

其实,星座就是一个骗人的玩意儿,可是它为什么能够在中国如此流行?星座一说最开始兴起是在古老年代,人们不知道自己的命运该何去何从,于是相信冥冥之中的东西,觉得自己的命运完全是上天给定的,所以你是什么星座,就会有什么星座的命,你是什么星座,就会有什么样的性格,就会有什么样的发展,诸如此类。

但是,这种观念就是一种愚昧,就是一种文化蒙昧,就是一种不自信,就是一种对社会不安全的心理。久远年代发明的星座说,居然在21世纪的中国流行,居然无数的人会相信。这不可笑吗?

就在前段时间,所谓的气功大师王林,被大家揭露出就是一个江湖的骗子,于是乎大家都去骂王林。可是,当我们在骂王林的时候,我们自己有没有想过,我们中的很多人也是王林的追随者。可以说,每一个相信星座的人,都是王林的信徒,因为他们不相信理性,不相信自己,而只相信那个冥冥之中的所谓星座。

王林做的不就是这些吗?他所谓的特异功能,所谓超出人体正常功能的东西都有一种神秘存在,都是在忽悠人。人成了神秘的奴隶,成了文化蒙昧的奴隶,对于这些星座,很多人不也是星座的奴隶,不也是匍匐在星座的脚下吗?

当公司在招聘人才的时候,居然以星座为拒绝的理由,让我感觉到的不仅仅是悲哀,也不仅仅只是愤怒,更不仅仅只是荒唐可笑,而是觉得我们整个的中国社会,为什么会变得如此非理性、如此不自信。

除了个人的科学素养低下,除了个人的盲目随波逐流,还有一个最重要的原因,那就是:今天的中国社会不能够给人一个安全感,不能够给人以满满的希望,不能给人以可以相信的、可以遵守的规则。正是因为大家不相信规则,也没有了规则,感觉社会之中处处充满了绝望,所以觉得自己在这样一个社会中,就像大海中的一片树叶,只能随波逐流,完全无法主宰自己的命运。

一个人如此,还可以理解,因为他可能在生活中遭遇过这样那样的一些事情。可是,当一群人又一群人,乃至于当下中国社会中的很多人在迷信星座的时候,那不仅仅是这些人出了问题,而是中国社会也出现了问题。

因此,我提醒那些迷信星座的人,你一定要告诉自己,在这个社会上,没有任何人可以主宰你,除了你自己;没有任何人可以将命运中的好和坏给你,而只能是你自己给你自己。所谓"人在做,天在看",事在人为。如果你有一个坚定的信心,那么无论命运给你划定什么样的轨迹,你都可以去改变它。

我要问,中国社会,你到底是什么星座呢?你为什么如此扑朔迷离呢?你为什么有这么多不可预测的东西呢?你为什么有这么多不被遵守的规则呢?

我想,当我希望大家反思自己星座的时候,希望中国社会也来反思反思,你到底是属于什么星座,你到底是迷信星座,还是打破这个星座去创新自己?中国的命运,也是把握在中国人的手中,而绝不会把握在别人的手中。所以,当我提出"中国,请告诉我你是什么星座"的时候,其实我是想告诉中国的每一个人,把握自己的命运,绝不要迷信那些冥冥之中的东西。

如果真有一个所谓的神灵存在,那就是一个自信的你、顽强的你、充满希望的你、勇于拼搏的你!你自己就是神灵!否则,你就会被魔鬼用网捕捉住,成为魔鬼的奴隶。我不管你是什么星座,我相信你有自己的理性。我不管你是什么星座,我只想给你一个星座,那就是"自信座"。抛出那些你所认为的星座吧,给自己一个自信的星座。当你在自信的星座中去做事情的时候,去闯出一片天地的时候,这样的一个星座才真正可以赐予你力量,才可以真正让你的生命开花。

王林不可怕,王林活得好最可怕

前一段时间,有一个人先是大火特火,紧接着大水特水,他就是气功师王林。

王林之所以大火特火,是因为马云去拜访了他,跟他笑眯眯地合影留念,赵薇、李连杰、李冰冰这样的演艺明星也和王林勾肩搭背,亲亲秘密,李冰冰更是向王林这位所谓的大师下跪,拜为干爹。李冰冰搂着王林,王林暧昧地抱着李冰冰这样一张照片,我相信让很多喜欢李冰冰的人心里酸酸的,但这就是王林。这些照片在网络上公布之后,王林那是大火特火。你想啊,被马云这么精明的人奉为座上宾,这个气功师肯定了不得,牛人啊,所以火了。

可是,恰恰应了中国人那句话"物极必反",大火特火之后马上受到舆论的监督,各个媒体纷纷前往王林所谓的王府采访,包括我所在的《新京报》。

《新京报》派出了首席记者张寒,这是一个表面上看着笑微微的柔弱女子,但是,在新闻采访上那就是战场上的穆桂英、花木兰,她的提问、观察、采访技巧包括整个作品的完成都堪称典范,可以说每一篇作品都是一个漂亮仗。

因此,当张寒去采访这位气功师王林的时候,王林真是急了,所谓真急了,那就是事后王林就骂张寒:"你年纪轻轻不得好死。""我告诉你,你不得好死,你们全家都不得好死。"

一个所谓的大师,对一个年轻的女记者,能急成这个样子,露出流氓的嘴脸和本色,可见所谓的大师只不过是一个小丑而已。因此,当《新京报》接连报道王林的所谓人体特异功能,所谓气功大师这样一个光环的时候,那就是王林这位所谓大师的倒掉之日。

无论王林的空盆取蛇、断蛇复生等被吹得悬乎其神的这些东西,被多少所谓的公众人物相信,但最终还是被网友揭穿,那就是水之又水的江湖小骗术。这样的一些小小骗术,小小的魔术,在真正的魔术师眼中,根本是不入流的。更有意思的是,当司马南表示要悬赏一千万元来验证王林功夫的时候,王林更放出一句话说,"隔几十米,我一个指头就能戳死他"。不仅如此,王林更声言,要异地发功,在司马南的床上出现毒蛇,说什么这条蛇很毒,你可别惹它,你要惹它,你就有性命之忧,所以劝司马南赶紧搬家。

但,司马南是怎么回应的呢? 他说,嘿,老子研究江湖那么多年,什么没见过,当年严新号称在两千公里之外发功置我司马南于死地,最终死的不是司马南而是严新,现在你小小的王林派出一条毒蛇,老子根本不惧。老子怕什么呢?怕你派人来打我,我不怕人的特异功能,就怕人的正常功能。

这说明,司马南看清了王林这样一个所谓大师的嘴脸。这样一来,更让王林这个大水特水的小魔术再也藏不住了。因此,我注意到,后来媒体都在批评王林,认为这就是一个江湖骗子。

其实,王林就是一个江湖骗子,这没什么可怕的。我的观点是:王林不可怕,王林不死很可怕,王林活得好最可怕。

为什么这么说呢?首先王林不可怕,他作为一个江湖小骗子,骗一些相信他的人的财物,什么五层别墅,什么豪车、美女,什么自己编造的江湖地位等,这些没什么可怕。为什么呢?因为他的这些钱,骗的又不是咱老百姓的钱,对吧?而且,他还拿出一些钱来建寺庙,还资助了一些附近比较贫困的人家,挺好。

这叫"取之有盗,用之有道"。当然,也不是所有的用都有"道",很多自己奢侈的、浪费的、享乐的那些东西,也未必是"道",而还是"盗"。但不管怎么说,王林这些钱,他不是坑普通老百姓的,因此,他也就是那个江湖上手拿两把板斧、打家劫舍的主儿。他抢的是什么呢?抢的是类似生辰纲这样的财物。因此,我觉得王林不可怕,他的这个江湖小骗术,吸引了什么高官、明星等,一点儿都不可怕。也正因为这样,所以王林所在地方的老百姓,对他并没有太多的负面看法,而王林自己当然也早就做好了准备,兔子不吃窝边草。这一点,他还是深谙江湖之道。

王林不死很可怕,我说的王林,既是指王林本人,也是指王林这种现象。像王林这样的小骗术却打造成了特异功能,通过自己的宣传引得那么多的高官、那么多的明星、那么多的公众人物趋之若鹜,要么勾肩搭背合影,要么匍匐下拜,要么顶礼膜拜,将王林供成大师、供成神,这样的一种社会文化心理,才是很可怕的。

可以说,上到庙堂之高的那些高官,下到江湖之远的那些普通老百姓,都相信这位王林大师。不过,有意思的是,普通老百姓相信的不是太多,有一些相信他的,也都是被王林帮助过的。反倒是那些政界的、商界的、娱乐界的、经济界的、企业界的这些人,对王林是非常相信。

这个相信由来已久,不仅仅是王林,王林可以说只是一个小骗子,比他大的这种江湖骗子多的是。但就是这样,这种江湖的骗局,却能让很多有社会影响力的人如此相信,如此膜拜,如此迷信,这才是很可怕的。

它说明,我们的社会不够理性,我们的文明发展程度至少是这些人的文明发展程度,还处在一个蒙昧的时代。可是,作为蒙昧时代的这些公众人物,现在却可以一呼百应,应者云集,这是最令人担忧的。要知道,他们的社会影响力,对这样的一些江湖骗局,对这样的一些愚昧和不理性,对这样的一些蒙昧,传播得非常快,也非常广。

这样的传播,就造成了王林"不死"。可以说,王林一天"不死",愚昧就一天存在;王林一天"不死",理性就一天建立不起来;王林一天"不死",现代文明就一天建立不起来。当然,这里的王林其实更多的是一种符号,是一种象征。

我为什么又说王林活得好最可怕?因为王林"不死"作为一个江湖的现象,作为一个蒙昧时代的东西,在民间应该说是很正常的。有人相信一棵大树有灵性,他就会去拜这棵大树;有人相信路边的一块石头有神气,他就去拜这个石头;有人觉得那个小土地庙能够给自己带来福音,于是下拜焚香,这都没什么,不会造成多么大的社会危害。

但是,王林们如果活得好,那就问题大了。为什么呢?不死,只是说明他是一种存在;而活得好,说明他已经在整个社会上做得风生水起,这种风生水起直接冲击着现代文明,直接冲击着人类最基本的理性,而让人变得疯狂,变得盲目,变得麻木,变成偶像崇拜。一旦如此,它所造成的社会破坏力将是非常大的。因为,它让人不相信科学,不相信理性,而只愿意被愚昧和非理性俘虏。

在王林活得很好上,我们需要做更多的反思,因此我始终觉得,我们与其去批评王林个人,倒不如去思考为什么王林"不死"又可以活得很好这样的文化土壤,更需要思考在这种文化土壤之中长出来的一朵朵恶之花,结出来的一颗颗恶之果。我们必须清醒地知道,崇拜王林的那些人是谁,看一下媒体的报道名单就知道了,有市场中的风云人物,还有政府官员,当然更有娱乐明星,而王林正是依靠这些官员,依靠这些娱乐明星和公众人物,才活得好,活得滋润。

大家是不是注意到一个细节,王林凭借着他的这些人脉,可以招揽政府工程,或者可以让政府来影响一些工程的招标。这不就是最可怕的吗?你不要以为那些手握权力者都是聪明人,他们在自己的一亩三分地上,也许真的聪明;但是,出了这一亩三分地,那就只是表面上看着聪明,而实际上被蒙蔽了眼睛,被糊涂了脑子,最终让自己丧失最基本的理性常识。

因此,王林活得好,实际上是最可怕的。王林骗了一些钱,盖了别墅,买了车,这都没有什么,反正都是他自己口袋里的东西,顶多在他的王府里面搞得风生水起。可是,那些追捧王林的人,那些将王林推向神坛的人,当他们在各自的政界、商界、文化界、娱乐界等指挥千军万马、号令天下的时候,以他们的愚蠢无知与非理性,会将中国社会推向何处,会将中国百姓引向何处?这是我最担忧的。

因此,我就是想告诉大家,王林其实只是一个小江湖的小骗子,而我们最需要警惕的,是将王林抬到神坛上、供在神坛上、让王林活得很好的那些大江湖中的大骗子。如果我们仅仅只是将批评的锋芒指向王林这样一个小骗子,而不指向那些大骗子;如果我们仅仅只是将目光限定在王林的王府之中,而不去放眼制造了王林、让王林不死而且活得很好的这种土壤,那么,今天打倒了一个王林,明天还会有千万个王林站出来。

也就是说,今天你把王林这条江湖小蛇打死了,明天王林们就会断蛇复生成为一条巨蟒。这条巨蟒吞噬的将会是百姓,给中国社会带来的将会是愚昧;吞噬的将会是光明,给中国社会带来的将会是黑暗;吞噬的将会是理性,给中国社会带来的则是非理性。

2013年中国高考作文批判

每年全国高考的第一天,高考作文题都是众多媒体聚焦的热点。不过,看了2013年高考的这些作文题以后,说实在话,没有一个让我感到满意的。当然这是我自己的价值观判断。

我随机找了几个省2013年的高考作文题,我们看福建高考作文题,就是根据顾城的诗写一篇作文,顾城的诗是这样的:"我仰望着星空感到一阵惊恐,如果地球失去引力我就会变成流星,无依无附在天宇飘行。哦,不能,为了拒绝这种自由,我愿变成一段树根,深深地扎进地层。"

顾城是一个很著名的诗人,他的一句诗曾经让我非常感动,就是:"黑夜给了我黑色的眼睛,我却用它寻找光明。"还有一个诗人的诗,也很让人感动,那就是北岛的"卑鄙是卑鄙者的通行证,高尚是高尚者的墓志铭"。

应该说很多人记得这样几句诗,但顾城的这个叫《忧天》的诗我却并不熟悉。从道理上说,顾城在诗中表达的没有错,纯粹的无忧无虑的自由、无拘无束的自由,确确实实并不是好事,因为它会让人失去目标,也失去一种根本,所以人的自由应该是相对的而不是绝对的。

这种常识也就适合于中学生,但问题在于,我们今天的青年人包括我自己这样一个中年人在内,到底是拥有更多的所谓无依无附的自由呢,还是缺少的恰恰就是自由?

在今天至少我自己感觉到,无论是写微博、做节目、著书、立说,我深深地感觉到一种不能自由呼吸的痛苦,这种不能自由呼吸令人感觉到的不是忧天而是忧民。当一个民族都不能自由呼吸、自由演说的时候,这样一个民族的未来是很堪忧的,与其忧天不如忧民。

这样一篇作文,它告诉我们孩子的是什么呢?就是你的自由太多,你需要少一些自由。

我们都说高考是指挥棒,高考作文也是一种指挥棒,可是这种指挥棒将我们的孩子指向的是失去更多的自由,这算是什么价值观?

我可以说,这样一种作文题是居心叵测。这不是在考作文,这是在限制孩子的思想,这是在扼杀孩子的灵魂。所以福建的作文题,我感觉十分悲哀。

再看广西的作文题,作文题目叫"捡到手机之后",讲了这样一个故事:"尚先生在出租车上丢了一部手机,然后他打了该手机号码,通了之后被挂掉,于是尚先生给这部手机发了一条短信,愿意用两千块钱酬金换回这部手机,一个多小时之后捡到手机的人表示愿意归还,后来捡到手机的人把手机归还给失主,没拿酬金就离开了。记者事后联系到捡到手机的人,说本来不想归还手机,看到手机的短信和照片得知这个手机主人最近给芦山地震灾区捐了款,决定把手机归还失主。不能用贪心对待爱心,我们要多一些真诚和友善。"

这个故事讲得真好,但可惜我感觉这故事显然是一个假故事,你不可能在任何新闻媒体上找到这样一个所谓的故事,一个贪财者本身想将手机据为己有,翻看手机信息以后得知这个手机居然曾经给芦山地震灾区捐过款,所以把手机还上。

这不就是一种所谓的"放下屠刀立地成佛"吗?但这样的事情,在生活中是不是存在呢?我不是君子,但我也不是小人,我且以小人之心度君子之腹:这样一种完全虚构的故事,让我们的孩子来发表什么感想呢?无外乎这个人良心发现,觉得丢手机的人是有大爱、有大善的,所以不能以自己的贪心来对待这份爱心。

但很可惜,这样一种编造的故事,它带给孩子们的只会是一种造假,并且为这种造假歌功颂德。

一个人有可能看到这样的短信就感动吗?也许会,但至少我没有看到过。

以这样的假大空、以这样的假仁假义来告诉我们孩子应该行善,应该重善,应该学会奉献爱心,否则以后的手机丢了就没人还你。

当我们的高考作文以这样的一种面目来面对孩子的时候,它诱导出孩子心里东西的到底是善还是恶呢?我想,参加高考的孩子,如果他的作文想得到高分的话,他一定会做出一个判断,就是夸这个人做得对,然后来表示自己以后也要有爱心。

可是这是一种多么大的虚伪!所以广西的这个高考题,让我感觉到了一种在造假基础上的假仁假义。

我们再看江苏的作文题"探险者与蝴蝶",也讲了一个故事:"一群人来到光线暗淡、人迹罕至的洞穴里探险,洞穴里很神秘,他们点了几根蜡烛,发现里面竟然有一群彩色斑斓的蝴蝶,他们欣赏了一会儿,不想惊动打扰蝴蝶就离开了。几天后,他们回到原地想看看蝴蝶还在不在,发现蝴蝶已经栖居到更深更黑的地方去了。他们在想,是不是几根蜡烛的光亮影响了蝴蝶的生活习惯呢?"要求依照这个故事写篇作文。

我感到这又是一个违背了基本生物学常识的假故事,一群探险者走到一个山洞里就这样影响了蝴蝶,于是蝴蝶到里面去了,可能吗?是,蝴蝶可能敏感,但是敏感到了栖居到非常深的山洞里去了吗?

这样的一个作文题,它既违背了生物学常识,又会给孩子一个什么样的启发呢?假如我是坐在高考考场上的考生,从道德的判断上,我一定会写,"哎哟,我以后得小心,不能轻易招惹这些蝴蝶,我们要爱护它们。否则我们进了一个山洞,点了蜡烛,影响了蝴蝶的生活,多不好。探险者一定不能够惊扰了这些蝴蝶。"

表面上看似乎有道理,实际上既然是探险者,你知道那个山洞里有蝴蝶吗?你知道有蝴蝶不忍心打扰它们,为什么还第二次来到这个山洞?第二次来到这个山洞想干什么呢?从作文题上想想看,这不是胡扯吗?

真正的探险者应该有最基本的生物学常识,蝴蝶因为人进去了拿着蜡烛照了照,就从此离开了这个山洞。这种可能估计只有一个叫蝴蝶的犯罪分子藏在山洞中被你看见了,然后他怕你再来,于是跑了,否则正常自然界的蝴蝶,会有这种情况吗?

所以这种题目更让人感觉到一种荒唐,可是就是这种荒唐的作文题,它想引导我们孩子什么样的一个观念呢?想让我们孩子表达什么呢?我只是觉得这样一个作文题真是坑孩子,而且坑得不是一星半点。

这种作文考的不是你的语言、你的文学能力,也不是你的逻辑思维能力,而完全就是一种脑筋急转弯,而且是一种虚假的脑筋急转弯。

再看2013年辽宁的作文题"沙子与珍珠",同样讲了一个故事,说是一个年轻人事业无成,非常郁闷,一天他在海滩上遇到一位老人。老人抓起一把沙子扔在沙滩上,问:"你能找到吗?"年轻人说不能。老人又抓起一颗珍珠扔在沙滩上,问:"这回呢?"年轻人说能。年轻人恍然大悟,一个人,只有做珍珠,才能得到别人的认可。

这个又是一个假故事。你想想,老人在海滩上抓一把沙子扔在那儿,问能否找着。当然找不着了,那么多的沙子。然后拿起一个珍珠也扔在沙滩上,这个珍珠能找着吗?珍珠大啊,当然能找着了。

可是假如老人扔的不是珍珠,他扔的是一个石子呢,他扔的是一个贝壳呢,或者他扔的是自己的草帽呢,他扔的是自己的鞋子呢,是不是同样可以找到?如果他扔的是一双臭袜子,当然也能找到。假如他扔的是一双臭袜子,然后问年轻人这回能找着吗?年轻人说能。年轻人感觉到,就算是臭袜子,臭狠了也能找到,为什么非要是珍珠呢?

首先这是一个假故事,紧接着这里面的价值观令我作呕。从这个小小的故事中,你可以感觉到它宣扬的是什么,不就是成功吗,不就是出人头地吗,不就是光宗耀祖吗,不就是让自己身上有一个成功的光环吗,似乎只有这样才能得到别人的认可。

照这种逻辑,我们普通老百姓——沙子一样的老百姓,甚至水一样的老百姓,那就什么都不是,只有那些所谓的精英、所谓的成功者,才能够被认可,才能够拥有人的尊严。

这样的假故事背后是一种非常可怕的、庸俗的、市侩的所谓出人头地的观念,而今天的这个社会显然不是这样。我们的社会需要各种各样的人,需要各种各样的岗位,无论他是一个政坛政客还是一个回收废品的普通人,无论他是一个清洁工人还是一个大厦中的白领,无论他是一个总理还是一个拾荒者,每一个人都应该被认可,每一个人的尊严都应该被尊重。

如果我们的这个社会看到的仅仅是那些所谓的珍珠,而看不到那些沙子,看不到沙子里的水,那么我们的这个社会是不是非常可怕呢?在这样一个社会中,人还能够有多少尊严可言?在这种情况下,弱者又会受到什么样的对待?所以这个故事传达的道理很明显,就是:强者通吃一切,弱者狗屁不是。因此辽宁的这个作文题,让我感觉到一种价值观的大倒退。

我们再看广东的作文题:有一个人白手起家成了富翁,他为人慷慨,热心于慈善事业,一天他了解到有三个贫困家庭的生活难以维系,他同情这几个家庭的处境,决定向他们提供捐助。

于是三种情况出现了。第一家人非常感激高兴地接受了他的帮助,第二家人犹豫地接受了但声明一定会偿还,第三家人谢了他的好意但认为这是一种施舍而拒绝了。

我们的孩子该选什么呢？认同第一家、第二家还是第三家人的做法？从高考作文题上来看，似乎第三家人认为这是一种施舍，拒绝了，仿佛显得品质比较高尚，而第二家人声明会偿还，表示不白接受别人的东西，自己也是有尊严的。第一家人高高兴兴接受了帮助，显然这个和后两者相比，似乎显得没有那么道德高尚，但我说这又是一个假故事。

在现实生活中，会有这种情况吗？今天的贫困者越来越多，无论从网络上还是从其他渠道，我们都知道越来越多的人其实需要帮助，相反，那些真正有爱心的慈善人士并不多，也没有成为我们今天社会的中流砥柱。

在这种背景之下，当一个家庭难以维系的时候，是接受别人的帮助呢，还是不接受别人的帮助？难道要一味以所谓的道德优越感而拒绝这种生存的希望吗？

如果我们面对慈善是第三种态度的话，那么我们的这个社会注定不会有一个很好的发展，注定就是一个到处都是道德家的社会，同样也是一个到处都是伪君子的社会。

而第二种声明一定会偿还，既然是贫困得难以维系的家庭，徘徊在生存的边缘，其实回报不回报并不重要，重要的是你一定要接受这种捐款。可问题在于这笔捐款是个人捐款，不是组织捐款，也不是政府捐款，它给我们的感觉是一个家庭难以维系，似乎要么等待着善人的出现，要么坐以待毙。

那么我想问,除了这个所谓的慈善家,政府在哪里?我们打一个比方说,政府就应该是一把伞,让老百姓避雨,让老百姓避开风、避开雪、避开冰雹,它应该时刻保卫百姓的生命财产安全和活着的尊严。保证他们的尊严才是政府第一位要做的事情,其次才是这些慈善家。而这些慈善家如果仅仅只是通过自己的行为而不是通过组织行为的话,这种慈善家最终其实很难达到自己的目的。他们要么像陈光标一样裸捐,要么只是为了沽名钓誉。

所以,所谓白手起家成为富翁,为人慷慨、热心慈善事业,如果真有这样一个人的话,我希望他能够加入组织,或者是成立自己的组织。通过这种组织的力量,先来调查你需要向哪些人捐赠,以什么样的方式来捐赠,捐赠又将会达到一个什么样的效果,这个效果最终如何评估,评估出来的经验和规律如何应用于以后的慈善。

只有这样,才能让慈善真正地朝着一个现代化的方向发展,否则如果都像这样一个白手起家的富翁一样遭遇到这样一个东西,那么我们的这个社会是不是又显得有那么一些不健康呢?

从我刚才举的这些省的作文题材的故事来看,我可以说没有一个故事是真的,全部是假的故事。这些假的故事让我们的孩子去抒发感慨,不就意味着让孩子承认假,然后进一步造假吗?

首先承认这个假故事是真的,然后以这个前提来抒发自己一些假的感想,表现出自己的假仁假义,表现出自己的假高尚、假道德。整个高考作文题,我可以用一个字来概括,那就是"假"。这种假我一点都不奇怪,因为出这些高考作文题的人,也生活在我们这个社会中。他们目睹了太多的假,所以他们潜移默化中就用这些假的东西来影响我们的孩子,试图通过这种假来诱导出真来。

但可能吗?假只能激发出更多的假、更大的假,而绝不可能有一丝一毫的真。其实作文题不应该有这么多的道德观念,也不应该有这么多的所谓的价值观,所谓的价值观,更重要的是什么?就是考察你的语言和你的组织能力、观察能力、表达能力,更重要的是要让孩子敢于反思、敢于批判,如果孩子提出这些作文题是一个假故事编造的故事,就此发一篇议论的话,估计这个孩子的分数不会很高,甚至可能会得极可怜的一点分数。

说实在话,我们的高考作文更多的时候考试的不是你的文学能力,而是你的道德观念。这样的一种道德观念已经在我们的语文课堂中严重出现,所以有人说语文课不是语文课,而是思想品德课,作文也不是作文课,而是思想检查、思想汇报课。

放到今天的高考作文中,高考作文就不是考你的文学水平,而是考你的道德评判力。而这种道德评判标准如此虚假,难道我们不应该狠狠地予以批判吗?所以,2013年中国高考作文批判,我希望由此而引发大家的一个警惕,就是不要试图通过假来引导出什么真,假只会引发更大的假。

高考作文不需要科学性吗

我曾发表了一篇文章,叫做"2013年中国高考作文批判",没想到一石引发千层浪,我对高考作文的批判引发了大家更多的思考,其中对江苏高考作文题"探险者与蝴蝶"的生物学常识的质疑更引发了大家的关注,于是很多生物学领域的专业人士出来了,媒体也出来了,这篇高考作文原材料的出处的作者也出来了。

大家就在讨论,这个小小的原材料中的知识究竟是对的还是错的?如果是错的,它对高考作文、对考生的发挥会不会有影响?会不会有可能在假材料上产生了假仁义和假道德?所以咱们今天的主题就是"高考作文不需要科学性吗",也就是到底需不需要科学性。

首先,蝴蝶是生活在洞穴里吗?当然我不是昆虫学家,所以我的回答并不权威,但是我们来引用一下相关专家的说法。著名科普网站科学松鼠会的官方微博就发表了这样的见解,"山洞里有群蝴蝶?被发现了还飞向山洞深处?蝴蝶是日行性动物,取食花蜜、树汁、腐败果实等,就算喝水也没理由去山洞啊,山谷还差不多。"

其实,从这个我们已经可以判断,科学松鼠会已经对蝴蝶会不会生活在洞穴里给出了一个否定的答案。那么我们再看媒体采访的相关专家,南京林业大学的蝴蝶研究专家钱范俊教授说:"一般不会出现这种情况,至少在中国基本没有出现过。一般的蝴蝶是以卵或者以幼虫的方式过冬,只有这个时候会找一些温暖隐蔽的地方,比如树枝的背后,但一般不会去很深的洞穴。"钱范俊教授的这种说法,得到了另外一位专家的认可,他是西北农林科技大学博览园的副主任魏永平博士。魏博士在电话中告诉我,蝴蝶是不可能生活在洞穴里的,即便蝴蝶是过冬或者是产卵,也不会到洞穴里生活。

在此之前,我通过自然大学的刘慧丽联系到资深昆虫爱好者计云。计云告诉我,蝴蝶在他所见到的科学文献中没有发现在洞穴里生存的,不过他也保守了一下,说也保不定可能会有,只是自己在文献中没有见到过。

魏永平博士说,在他所见到的所有的这些科学文献记载中,没有发现蝴蝶生活在洞穴里。你看,这些专家应该说都是搞昆虫学的,有的就是蝴蝶研究专家,比如钱范俊教授和我采访的魏永平博士,就证明蝴蝶不可能生活在洞穴里。

那么紧接着第二个问题,这些蝴蝶有可能是色彩斑斓的吗？南京农业大学钱范俊教授给出的答案是，从作者提供的图片上来看是夜蛾，蛾子可以用"色斑斑斓"来形容吗？

钱范俊教授说很多蛾子很漂亮，大型翅膀的很漂亮，花纹很多，这种说法得到了魏永平博士的回应，当然是我采访时候的回应。魏永平博士说，有些蛾子确实是色斑斑斓的，但是蛾子也不大会在洞穴中如此生活。

所以从这一点上来说，至少这个蝴蝶不是色斑斑斓的。这个问题也解决了，也就是作者看到的这些色彩斑斓的绝不可能是蝴蝶，最有可能是蛾子。

那么第三个问题，无论是蝴蝶还是蛾子，会因为烛光而躲避吗？按照作者的说法，过了几个月作者又去了，发现这些小昆虫们躲到更深的地方去了。

咱们看钱范俊教授的说法，他说蝴蝶是没有趋光性的，一般白天活动，晚上不活动，受到蜡烛光的影响不大。而很多蛾子是晚上活动，见到亮光会飞到有亮光的地方，因此人们有时候会为了捕杀蛾子而采用光诱的方式，所以它们不大会因为蜡烛的光亮而躲避。

这个说法，也同样得到了我采访的魏永平博士的回应和确认。魏博士说，无论是蝴蝶还是蛾子，它们其实都是喜欢光的，所以成语中也才会有"飞蛾扑火"这种说法。显然，这样两个昆虫学家、蝴蝶专家的说法，都验证了至少在作文材料中所提到的蝴蝶因为烛光而躲避这个常识是错误的。

那么我们再来看其他的,我特意查了一下,作者叫漆宇勤,他的原文是什么呢?他的原文叫做"轻一点,别点蜡烛",在这个原文中,他写的并不是色斑斑斓的蝴蝶,原文是"竟然还有黑色的蝴蝶",而到了高考作文题中,却变成了"竟然有一群色彩斑斓的蝴蝶"。

你看,显然是高考作文的出题者将人家的文章给改了,把"黑色"改成了"色彩斑斓"。你可别小看这样一改,它里面到底有什么样的深刻意义呢?那我来告诉你。在告诉大家之前,我们再来看,还有作者在原文中说,他们是过了几个月又来到了洞穴之中,来看蝴蝶到底是个什么样的情况。原文是这么写的:"过了几个月,大家记挂着洞穴深处的蝴蝶和那晶莹的钟乳石,相约再去洞内探访。"到了我们的作文题目中却变成了"过了几天",几个月和几天的差别,到底有没有值得我们批判或者值得我们反思的地方呢?我们现在就来说一说。

咱们首先说黑色的蝴蝶和色彩斑斓的蝴蝶。在采访魏永平博士的时候他告诉我,在洞穴中一般是灰黑色的蛾子居多,色彩斑斓的蛾子实际是比较少的。

且说它是色彩斑斓的,那么我们的高考作文出题者,为什么就没有经过作者的同意,也没有给作者打一个电话,就把"黑色"改成了"色彩斑斓"呢?显然这是一个并不严肃的做法,因为我们在网上可以轻易地查到这个作者的联系方式,就是一个电话的事情,就可以搞清楚。

而高考作文的出题者在随便改变蝴蝶颜色的时候有没有考虑到,这样一个改动就有可能造成一个科学知识的错误。那为什么非要做这种改动呢,这种改动的意义又有多大呢?会产生什么样的后果想过没有想过呢?

这样的一种粗心大意,我们绝不可小视,且不说高考作文关系到很多考生对科学知识的认识,单单这样的一种对待科学的态度、对他人作品采用的态度就是值得批评的,也是必须要反思的。还有刚才说的,原文作者说过了几个月,而到了作文题中是过了几天,几个月和几天,在科学性上是严重不一样的。

因为如果是这些蛾子也好蝴蝶也好,经过几个月挪到了洞穴深处,和过了几天挪到洞穴深处,它的敏感性是不一样的。做科学实验一定要非常严谨,所有的数据都必须确定、有依据。

而高考作文的出题者也没有跟作者做任何联系就把几个月缩短成了几天,这同样不是一种严肃的态度,而这种不严肃的态度直接造成了考题的谬误。你想想假如作者写的是真的,你给人家几个月浓缩成几天了,那么这里面的科学性会不会大打折扣呢?

我们再说,其实联系作者很简单,像这样的一个小小的生物学常识也不是什么科学难题,我今天就联系了一位资深的昆虫爱好者计云,也联系到了蝴蝶专家魏永平博士,轻易地就找到了南京方面的昆虫专家。问题一下子迎刃而解,不是蝴蝶,而可能是蛾子。

为什么我们高考作文的出题者连这样一个轻而易举的事情都不愿意去做呢?它背后其实反映出一个很大的问题。什么问题?那就是我们对于科学的态度不严肃,而对于文学却总觉得无所谓。

由此造成了我们的科学和科普文章总是有那么一点令人怀疑,而文学通过编造故事传递出来的所谓科学知识,却是误导了很多的人。我记得曾经有一篇文章叫《差不多》,说中国人有一个毛病什么都是差不多,差不多就行了。

可是,这种差不多却暴露出了我们民族文化中的一个很大的弊病,也就是说没有一种打破砂锅问到底的严谨的科学态度。

相比较之下,在西方的整个教育体系中,我们发现很多西方的孩子对于一些常识性的问题总是要打破沙锅问到底,一定要看一看它是一个什么样的情况。由此,我们不得不承认,西方的整个科学发明超越了我们。而很多很伟大的发明恰都是从日常生活中对那些看似平常现象深入的挖掘和研究得来的。

因此,人类对真相的辨识和探讨,绝不仅仅是为了让我们的知识更加丰富,而是因为这对我们整个的民族性、对于民族文化都有重大影响。

想一想,如果我们对这些小事情、小现象都能够打破沙锅问到底,在一些历史问题上是不是也会有同样的态度呢?很多的历史问题,我们是抱着差不多就算了的态度,还是一定要问问历史的真相究竟是什么、原因究竟是什么。

如果有了这种精神,那么我们就会对历史看得更清,而有了这种精神,在现实生活中也同样有着巨大的意义和价值。因为无论我们是对于一些案件还是对一些信息和现象,我们都会有持之以恒的打破沙锅问到底的精神,要探究这个事情究竟是什么,是传说中的那样,还是实际中的那样,真正地深入实际做详细的调查和分析。

这个时候你会发现,我们整个思维就会得到一种改变,而这种改变就是对于真相的敬畏,对于真实的敬畏。这样我们也就不会那么轻易地被麻痹、被蒙蔽、被欺骗。

所以别看这个高考作文如此之小,它其实反映了我们整个文化中必须要反思的东西。高考作文题虽然是江苏题,但是它涉及多少江苏考生,这些江苏考生在做完这个题以后,对于蝴蝶也好蛾子也好,会不会产生一种误识?要知道,高考作文题会对很多孩子一生有影响,我至今还记得我当年写高考作文的时候就有一道题是圈,对圈展开联想。

所以,对于高考作文材料要不要具有科学性的问题上,我觉得不是要不要的问题,而是必须要。如果没有了科学性,如果我们总是对文学故事不做任何的怀疑,不证实也不证伪,那么很容易就被欺骗。

很遗憾的是,在这个事情出现以后,我注意到了江苏的相关教育方面专家的回应:"这个题目从生物学的角度来看可能是存在争议,但是作为高考作文题的材料使用,并不影响它的命题主旨。"

他进而说,从文学创作的角度来讲,这样的描写是有寓意的,蜡烛对于在黑暗的洞穴里的探险者来说应该是有功的,因为能照明。对昆虫来说,光亮会干扰它们的生活,所以蜡烛对它们来说是有害的东西。

从这个角度来说,对人类好的东西,对其他生物未必是好。一些考生写到环保主题是可以的,也有的考生从细节会影响大事入手构思也是可以的。

作为材料作文,命题也应该是具有开放性的。从凌焕新教授的回应可以看出我刚才说的所谓"差不多",文学创作可以不顾科学性,文学创作就算是出现了严重的科学知识错误,从这个错误的基础上出发也没问题,并不是今天的一些人头脑中固有的这种认识,而是长期以来我们都存在。

我们的很多作家在写作的时候,无论是涉及生物学知识还是其他的一些专业知识,总是凭着自己的脑袋去想象,而不是去真正地探究。我们古代的文人在这一点上更是犯了很多的错误,似乎形成一种规律,他们总是不愿意去亲身实践,也不去探讨问题的根本,总是坐在那儿空想。以至于我们的这种科学的精神、科学的态度、严格的逻辑思维能力,都没有得到很好的发展。

相比之下,西方人非要打破沙锅问到底,就是要探究这个东西到底是真的还是假的,这种科学的态度成了推动整个社会进步的一个非常重要的基础。更重要的是对历史真相的探究和反省上,要远远高于我们。

所以,我们感觉到有一些专家教授们头脑里固有的东西,那就是错了也不认,就像现在昆虫专家、蝴蝶专家都已经说了,这是错的,不是什么争议的问题,就是错的问题。

既然如此,公开承认错也就行了。为什么非要做这样一个辩解?因此,你别看一个小小的高考作文题,它带给我们的思考绝不是停留在高考本身,也绝不是停留在这样一份小小的材料上,而是让我们必须要反思,我们究竟应该以什么样的态度来对待我们身边各种各样所谓的小事,我们究竟应该以什么样的态度来看待某些问题的真实和真相。

假如我们的孩子都是从假的出发,然后去得出一些假的结论,试问这种结论对我们的孩子是不是一种很大的伤害呢?如果我们的民族对这些科学的东西始终怀着差不多、无所谓的态度,那么不要说我们的科学得不到很好的发展,我们对待历史也绝不会有尊重和敬畏的态度。

假如我们不愿意去探究历史的真相的话,那么现实生活中的很多问题,又怎么可能愿意去探究真相呢?如果历史不探究真相,现实中的问题也不探究真相,那么我们生活在这样一个社会之中,是不是每天都处于一种被洗脑的状态?每天都处于一种被欺骗被蒙蔽的状态呢?在这种状态中,我们还能过上一种有尊严的生活吗?我们还能过上一种幸福的生活吗?我们还能够活得明明白白吗?所以事情虽然小,但是它带给我们的思考一定是非常深刻和沉重的。

中国的处女膜为什么那么坚硬

海南万宁小学校长带六名小学女生开房事件引起社会轰动,人们几乎是以一种愤怒的心态,在看待这样一件人神共愤、天理不容的行为。但很遗憾,在整个新闻发生发展的过程之中,我看到很多肮脏的、愚昧的、无耻的、卑鄙的甚至一种猎奇的心理,在整个处理事件的过程中发生,也因此让我看到了非常有必要给大家强调并且让大家反省的一个问题,那就是中国的处女膜为什么那么坚硬。

先看万宁的这起小学校长带六名小学女生开房事件发生以后,当地政府迅速找专家和公安一起来鉴定孩子们的处女膜是不是破了。鉴定结果是处女膜没破,但家长对这样一份鉴定表示质疑和不认同。所以,有的家长领着孩子去做处女膜鉴定,在整个新闻报道中甚至发生这样的细节,有一位认识受害者家长的医生告诉家长,孩子的处女膜破了,而另外一位医生捅了捅这位医生,最终鉴定结果是处女膜没破。因此,家长对于这份鉴定表达了不信任。有的媒体在今天报道说,有的幼女的下体到现在还在流血。

由此让我看到的是,无论是当地的政府部门还是家长、公众,都在围绕着孩子的处女膜做文章,仿佛处女膜的破裂与否就成为一个重要的罪证。对于当地的政府部门来说,有这样的一种心态在里面:一方面,如果受害者的处女膜没破,就有可能会让事件恶劣性降低,甚至犯罪嫌疑人的罪行会有所减轻。另一方面,家长们要在处女膜的问题上问个水落石出,暗含的心态有可能是,如果孩子的处女膜破了,那么犯罪嫌疑人就要加大罪责。

于是一个问题出现了,这个问题是如此荒唐、荒谬、怪诞、肮脏、扭曲,处女膜似乎成了这个天平的重要砝码。如果这个砝码向破的一方倾斜,那么另外一方就会高高翘起,而如果没有破,那么则会向这一方翘起,似乎博弈的核心就是处女膜。可是,我为什么说它荒唐而又荒诞呢?因为就强奸罪来说,成年人的强奸定罪,那就是看性器官是否插入对方的性器官或者是肛门,以插入与否来定罪。

可是,对未成年人尤其幼女而言,不存在插入之说,只要和幼女的性器官接触,无论是性器官还是身体的其他部位或物品接触了幼女的性器官,即构成强奸罪。对于幼女依据的是"接触",而对于成年人依据的是"插入",这两种行为不同,但在罪行性质上之所以这么判定,就是为了最大限度地保护孩子、惩罚犯罪。无论这六名幼女的处女膜是破还是不破,对于罪行判定来说,其实不可能有丝毫的影响,因为强奸罪的法律定义已明确。既然如此,当地政府部门和家长以及社会又为什么非得揪着处女膜问题不放呢?显然,这就有一个中国的处女膜为什么那么坚硬的深层次问题在里面,这就进入了问题的第二个层面。

当地政府、家长、社会之所以揪着处女膜不放,那是因为在他们的固有观念中,"插入"才算是强奸,只有处女膜破了,才算是夺走了孩子的贞操。这是多么荒唐!要知道,这种情况一旦发生,它对孩子的心理伤害已经形成,并且已经造成孩子的心理阴影。如果我们一遍又一遍去强调这个问题,实际上是对孩子构成了二次甚至三次伤害,因为现在家长揪着孩子的处女膜问题不放,非要另外找一些鉴定机构去做鉴定,我能理解家长的心情,可是要不要检查?既然法律已经做出接触即强奸的规定,我们又何必非得斤斤计较于检查处女膜呢?要知道,每检查一次就是对孩子的又一次伤害,它所造成的影响甚至不低于强奸本身,这是对孩子的精神和心灵造成的一种强奸。

因此,我想提醒大家的是,放过这六名幼女的处女膜,不要一错再错。可是,为什么当地政府和家长都有这种心理呢?为什么犯罪嫌疑人又如此对处女情有独钟呢?那是因为在我们的社会里、在一些人身上存在着一个处女情结,只要是处女就是好的,我和处女做了,我攻破了处女膜,我就是男人,我就占有了女人。这样的一种心理造成社会上有那么一批人将处女膜作为自己的猎物,将拥有处女膜的成年人、未成年人和幼儿作为自己的猎物,从而在整个社会上形成了一种极为丑恶的现象。处女膜成为一种商品的交易,由此就造成了很多的孩子受害。发生在海南万宁的这个事情,就是这么一种观念在里面。

在我看来,万宁小学校长带六名幼女开房事件,很有可能隐藏了一个更大的阴谋,隐藏了一个更大的犯罪团伙。这位校长和幼女开房有可能绝不是第一次,因为从新闻媒体的报道上看、从这位校长在诱惑幼女的整个过程中来看,校长有可能在这次新闻事件之前已经多次做了这种事情,甚至已经多次做了将自己的学生介绍或卖给其他人的事情。因为万宁小学这件事件发生以后,网络上出现了很多的类似消息,其他学校的校长也是玩弄女生,其中安徽一位校长所玩弄的幼女最小的只有六岁。更不必说有一些有权有势者将学校作为猎物,将孩子作为自己的猎物,来布下金钱和权力以及暴力之网,他们所猎的就是处女膜。

因此,我很怀疑万宁事件会不会只是冰山一角,假如背后还藏着更大的阴谋和犯罪行为的话,我们要不要顺藤摸瓜一网打尽,而不是仅仅停留在这位校长和参与作案的另外一位政府工作人员身上?更为重要的是,必须要破除那种愚昧的、落后的、血腥的、野蛮的、不文明的处女膜文化。

在中国的传统文化中有很多精华,但也有很多糟粕,其中用在女性身上的尤为多,贞操观就是其中最典型的一例。而贞操和处女膜是密不可分,正是因为这种所谓的贞操观、所谓的处女膜文化,坚硬地留在很多人的头脑之中,坚硬地留在中国文化之中,才让很多女性在失去处女膜之后——无论是主动的还是被动的、无论是自愿的还是被迫的,会因此而失去自己作为人的尊严甚至性命。假如真的做统计的话,你会发现有很多女性因为贞操的问题、因为处女膜的问题而成为牺牲品。假如将这些失身的女性都排在一起的话,它真的有可能覆盖我们大半个国土,那些累累的白骨无不在诉说着女性的冤屈,无不在以愤怒、以血、以生命在声讨着中国那种坚硬的处女膜文化。

到了21世纪的今天,我们要不要开始反思这种文化,要不要来正确看待处女膜这样一个简单的生理问题?事实上,这样一张简单的生理之膜,却让文化把它变得如此复杂,而这种复杂又不是出于保护女性,而是建立在损害女性、侮辱女性的基础上。我所说的中国的处女膜为什么那么坚硬,其实质是指中国的处女膜文化为什么那么坚硬,为什么那么顽固地存在于人们的头脑之中,由此使那么多的女性受害,使么多的幼女受害。假如我们不能从这样一个高度去认识万宁事件的话,那么即便万宁事件中的两位犯罪嫌疑人受到最高的刑法惩处,也不可能让这样一种祸害幼女的现象彻底在我们身边消失。

曾经,在取消嫖宿幼女罪问题上,很多的法律人士和学者以及有良知的人站出来呼吁废除,要求加大对于幼女性侵害的犯罪成本。但很可惜,呼吁到现在,也还没有出来,这同样说明在一些立法者的头脑之中,还没有形成一个真正的对儿童的保护意识。我们说,无论惩处犯罪的力度有多大,这种事后惩处都永远比不上犯罪前的预防,因为社会危害已经造成了,而我们需要重视的是犯罪预防。怎么预防?

我刚才说的从文化上彻底清除那种坚硬的处女膜文化,从文化上彻底反省坚硬的处女膜文化,从文化上彻底连根拔除这样一种愚昧的糟粕文化,都是为了通过消除一些人心中那样一份邪恶的追求。在孩子的性教育上、性防范上、性安全上、性意识上和性行为上做出更多的指导,让孩子从小就知道该如何保护自己,一旦在生活中真的遇到强暴也不要因此选择放弃自己的生命,那样一张薄薄的膜的分量永远抵不过你生命的重量。这一点希望大家都能够明白。

其实我想告诉大家的就是,我们一定要清醒地认识到这个问题的严重性,更要清醒看到在这样一个个案背后所隐藏的冰山。还要看到在冰山的下面藏着的那样一种更深的文化根基,什么时候我们彻底清除了这样一种肮脏的文化根基、对女性给予了最大程度的尊重,我们才有可能真正让我们的孩子拥有一个安全而又阳光的成长环境。也只有到那个时候我们才能说,中国的文化已经升级改造,已经去除了肮脏,而拥有的是美好。

最后我想告诉大家的是,放过孩子们的处女膜,去惩罚犯罪,而不要用那些愚昧的观念和手段,再一次去伤害孩子甚至去惩罚孩子。该惩罚的是犯罪者,而不是受害者。

"处女"新定义拓宽性文明尺度

如果承认美国著名人类学家罗伯特路威在《文明与野蛮》一书中所说,人类文化是一块百衲布;那么,其中之一的性文明自然也是如此。可以这么说,人类文明的河流有多长,性文明的渊源就有多深。在这里,一个非常有意思、也很值得省思的现象是,人类社会在文化和思想上的每一次巨大进步,几乎都有性文明进步在暗中推波助澜的身影。关于这一点,在德国著名学者爱德华·傅克斯的欧洲风化史系列著作中,体现特别明显。

而性文明的核心问题之一,就是对"处女"的定义,以及由此延伸开去的、仅限于女性的所谓"贞操"观。观察人类社会历史,自"贞操"观诞生以来,与其说它给人类带来了更多"文明"的花朵,不如说种下了无数"野蛮"的劣种。尽管史书无载具体数据,但是,用"数以十万计"来形容因为"贞操"问题,而遭受种种人生苦难的中外女性,恐怕并不为过。

如今,尽管随着人类文明的进步,至少在较为开放的社会中,"贞操"观已不再可能成为频频置人于死地的屠刀,但它持刀而行的冰冷魅影,依然不时飘荡在人间。时不时地,就还会有女性,因它而陷入苦难。在这方面,国人可以在生活中,找到依然可以形容之为"无数"的案例。这说明,对于"贞操"观,我们仍然需要努力追求恒久的人性。

《重庆商报》2005年10月23日的一则报道,就巧妙讽刺了一下"贞操"观或曰"处女"情结持有者。在2005年10月22日召开的中国首届性医学国际论坛上,第十八届世界性学大会主席玛格丽特·瑞德尔曼博士称,现在判断一个女性是否"处女",不应该仅凭处女膜是否破裂为标准。她风趣地比喻说,现在部分女性发生性关系的身体顺序已经变成亲吻腰以上、腰以下,再进入实质性交,其中亲吻腰以下的地方就是性行为发生的重要特征,而处女膜破裂的概念已经太狭隘了。

虽然与中国古人曾把"三寸金莲"视为女性的"第四点"性器相比,瑞德尔曼对"处女"的新定义"落后"无比,但对一些"中国今人"来说,却仍然不啻为一记响亮耳光。毕竟,假如按这个新定义标准"处女",恐怕"处女"在现代女性中的比例,又会直落不少百分点。当然,瑞德尔曼之所以要缩小"处女"的范围,并非是对"贞操"观加"紧箍咒",而是希望社会接受并认可这一现实,充分尊重女性的性自由和性快乐。

"贞操"观也当作如是观。而其实,这又何尝不是一种"文化常识"?一些国人之所以不愿按"常识"出牌,根深蒂固的非理性"贞操"观与道德至上主义,当是关键。而要革除这种既不合时宜,更有悖于现代人类文明的观念,除努力提高女性的政治、经济和社会地位外,还应遵循人类文化"百衲布"而成的这一规律,充分吸收人类性文明的一切进步成果。这并不只是中华性文明的进步问题,而更与中国社会今后更大的文化和思想进步息息相关。

由此,可以这样认为:奠基于恒久人性与人类道德底线之上,性文明的尺度有多宽,人类社会在文化和思想上的进步就会有多大。

乱象丛生,中国得了什么病

最近几天,有几个非常好玩的新闻。怎么个好玩法?

第一个好玩法,山东滨州有市民说,"我这里电死了一个外星人,我在黄河滩上撒下电网电兔子,结果一下子从UFO上下来五个外星人,前面一个被我电死了,电死之后另外的四个外星人,坐着飞碟跑了。"然后他就把这个外星人拿回家了,放在冰柜中,并且给当地公安打电话说,"喂,110吗?我这里电死了一个外星人。"最后他在网上发帖,声称中国科学院某某所给这个外星人做了DNA鉴定,然后还把外星人的照片发到了网上。某一个中央级媒体得到了这个消息,说时迟那时快,拿起电话采访这一位李某,李某就说:"我真的电死了一个外星人,现在公安到我家看了,还让我专门保存……"

从网上我还看到李某是用一个什么样的东西来电死外星人的,而且这个电死的外星人还是一个女的。为什么是女的呢?如果你注意看网上图片,就会发现,这个女外星人长着和咱们地球上的女人一样的身体,至少生殖器是一样的。你看这个李某,他都知道外星人长一个什么样的生殖器,好玩吧?

后来当媒体都关注以后,事情却露馅了,原来哪里是什么电死的外星人,分明是这个李某故意的炒作,自己用钢丝、用骨胶、用一些其他的玩意儿,做了一个外星人。因为这个外星人做得很难看,结果他就不好意思说是自己做的,当警方和媒体采访的时候,他说他是从黄河滩上一户人家花120块钱买的。120块钱能买一个外星人尸体,也真亏他有想象力!不过等事情暴露以后,这个李某就被当地行政拘留了5天。

这事好玩,还有更好玩的。今天在微博上,包括在一些地方的官媒上,又说了一个好玩的。多好玩呢?说是有一个福建南安的女孩,去了一趟南海,去南海干吗去呢?烧香。从南海烧香回来不得了了,睡佛上身,然后这个21岁的女孩被睡佛上身以后马上……

睡了。这一睡结果把同去的人吓住了。天哪,这是佛附体呀,于是乎,大家把她抬着,抬回了她家。这一抬回家,醒了,人家干脆还剃了头发,剃成一个尼姑头,结果全镇的人都来干什么呢?顶礼膜拜。睡佛呀,求你保我升官发财,求你保我全家平安,求你保我孩子考上大学呀,求你也让我当上刘志军,不,上台之前的刘志军……反正各路的人都来了,有的开着奔驰,有的开着宝马。据说很短时间之内这个女睡佛居然能够聚敛了几十万元的香火钱,我在微博上看到了这个所谓被睡佛附身的21岁女子的照片,穿了一件黄衣服,躺在那里做睡佛状……

你说这事好玩吧?不,还有更好玩的,这事发生在广东。广东深圳有安居房,安居房是要给大家分配的,结果第一次的名单公布以后,大家发现里面错误百出。当地公安部门赶紧改这个名单,这名单一改不当紧,《每日经济新闻》的记者从公布的身份证信息中捕捉到一个特别有意思、特别好玩的信息。什么信息呢?一名年仅5岁的男孩和一个年仅3岁的女孩均被列为后备级人才,所以分到了安居房。更有意思的是,另一名两岁的孩子被注明是杰出人才。后备人才那没错,我们的孩子都是后备人才,别说5岁、3岁刚出生的宝宝也是后备人才。这个两岁的孩子都被称为杰出人才,杰出在哪儿?不知道。反正人家评的后备人才和杰出人才就能够分到安居房。这个新闻报道出来以后,当地说:"不好意思,错了,错了,我们还要调查。"最终会调查一个什么结果,我不知道。

不过从这些发生在山东、福建、广东三地的新闻,都让我们感觉到一个共同的特点,那就是我们的中国社会真的是乱象丛生,中国真的是病了。既然是病了,那病了要治呀,对吧?所以我们要拿出药来,什么药呢?葫芦。咱们中国人说你这个葫芦里藏的什么药呀?我可以告诉大家,我这个葫芦里藏的是灵丹妙药。因为这个葫芦带太短,我没法背到身上,我且拿在手里。我这个葫芦里的药可以包治百病,有钱的您捧个钱场,没钱的您捧个人场,反正您要是真要我从这个葫芦里倒几粒仙丹,您吃了我这个仙丹保不定就能治好病了,当然是不是真的能治好病,那您得吃了我的药再说,这就是我的这个葫芦。

好,说完我这个葫芦,咱们就看我葫芦里有什么药。您听,真有药。不过在给您药之前,咱们先来分析一下刚才说的这三个乱象故事的特点。中医不是讲求望、闻、问、切吗?咱们先望、闻、问、切,在这之前,我还要给大家讲一个大家可能非常熟悉的故事,就是《扁鹊见蔡桓公》。

只要读过书的应该都知道这样一篇课文。扁鹊第一次见蔡桓公说,您的病在腠理,也就是说您这个病从皮肤上看出来,您得赶紧治。蔡桓公一听,好家伙,你不就当个医生,就爱给别人治病,你说我皮肤有病,拉倒吧你,然后就没理他。又过了几天扁鹊又见了蔡桓公说,您这个病已经到了肌肤里面,也就是已经到了皮肉里面,赶紧治,不治啊,恐怕就比较深。蔡桓公一听,拉倒吧你,又在卖你那个狗皮膏药,我还就不治,我就不信你了。再过一段时间,扁鹊又见蔡桓公,说桓公您这个病到肠胃里面了,您得赶紧治。桓公说拉倒吧你,你不就是想糊弄骗我几个钱吗,我不信你!于是乎,蔡桓公不信他,再过一段时间,扁鹊见蔡桓公,看见蔡桓公掉头就走。蔡桓公纳闷了,扁鹊,你怎么见了我就走呢?你怎么不给我治病了呢?你不是说我皮肤上有病,进入皮肉里了,咋回事呀?扁鹊就说了,您原来那个病,病在腠理的时候我还可以用汤熨给您治,病在肌肤的时候我还可以用针石给您治,在肠胃里的时候我还可以用火齐给您治。现在您的病已经进入骨髓了,那是司命之所属,阎王爷管的地儿,我扁鹊管不着了!

蔡桓公不信,以为扁鹊在吓唬他,可是,再过几天真就不行了,病发作了,赶紧去找扁鹊。哪里还能找到扁鹊,扁鹊早就逃亡到秦国了,这一走,蔡桓公就没活几天,死了。

那么我们看刚才的行为,其实也同样存在这个道理。山东这样一个李某做了一个外星人,大家还真信了,连权威媒体都报道了。在微博上传得是那样神乎其神,有些大媒体也纷纷转发,表示终于抓到外星人了不得了。其实这种病从某种意义上说就是在腠理,也就是在肌肤、皮肤上。因为它是一个很简单的谎言,很容易就能够戳穿。这种盲目的相信,这种不加任何求证的相信,其实就是一种病,这是一种社会病,如果这种社会病泛滥开来,它就会往下一步走,走到哪儿?那就走到信仰上去了。

我们以往不是要讲实事求是吗,可是现在还有多少人在讲实事求是?连一些媒体人,比如这个中央级的媒体就已经不讲实事求是,只是一通电话,就OK了。真正的新闻在哪里？真正的新闻在路上,新闻在现场,在现场的路上。可是对这种媒体来说,那就变成了电话,结果闹出了这样的大丑事,岂不可笑？那么福建的这个所谓睡佛附体的女子,那么多人争相追捧,去送香火钱,从某种意义上说明,这种病已经进入肌肤,也就是已经进入皮肉,这其实是一种信仰病。中国人是啥都信,那是见了庙就拜,无论庙里面供着的是佛家,还是道观里的道家,还是一个土地爷,甚至就是一个长得奇形怪状的石头。不管是基督的还是伊斯兰的,反正我见了就拜,多拜一次总没错。可是这种多拜一次总没错的信仰,宁信其有,不信其无,见佛拜佛,见山拜山,那就成了一个迷信、乱信。这种信仰的混乱,才会出现所谓的睡佛上身,也才会引发那么多的相信,其实这种社会心理和文化心理,在中国绝不是今天才出现的,而是长久以来一直都存在的。那么这种病从某种意义上说,已经进入了皮肉。所以我们所需要的就是要有一个真正的信仰,而且要对信仰坚定,你不能见一个拜一个。当然也有人说这是中国人的世俗教,可是我觉得这种所谓的世俗教那是瞎扯的。

再看广东深圳这个两岁的孩子可以成杰出人才,5岁、3岁的孩子可以成后备人才,这成什么了呢？这其实病已经到了肠胃,也就是说,这些认定安居房的政府部门人员已经不仅仅是滥用职权,还出于利益的诱惑,而公然采取这种造假。

要知道,安居房卖给谁?主要安置的还是穷苦人。可是这些政府公务人员,视这些穷苦人员是什么呢?那简直是将他们当成了傻子,要不然,怎么可能将这么小的小朋友都以"杰出人才"、"后备人才"这样的一个定位给分房子呢?这就是制度的病,制度有病了。按照扁鹊见蔡桓公的故事,应该就是肠胃病,那么肠胃有病,治啊。怎么治?用火齐。当然那是扁鹊给人治病的,但是对于制度,我们说,也需要做出一些制度性变革。

假如我们对这些问题都能够有一个清醒的认识,无论是通过汤熨也好、针石也好、火齐也好,总是可以治的。但很可惜,在蔡桓公身上的病有一个发展的过程,先是皮肤,再是皮肉,再是肠胃,再是骨髓,而到了现在,这种中国社会病,几乎是同时发生的,这几个新闻也几乎是同时出来的,几种病同时发生,发生在同一个身体上,可见这个身体病成什么样了。

那么,得了什么病呢?我想得的就是一种社会心理病、社会文化病以及这种信仰病。这些病都必须要治,怎么治?那就是用我这个葫芦的药。这葫芦的药是什么药呢?我告诉大家我这个葫芦里的药。

首先第一颗药就是文明药,也就是让这个社会变得越来越文明。怎么文明?当然是倡导教育。我曾发了一条微博,说在民国时期,著名大军阀刘文辉当时就有一个规矩,凡是县政府盖得比学校好的,要把县长就地正法。你看,那是刘文辉做军阀的时候的做法,而现在我们的这些县政府你看哪一个不比学校盖得好?所以要治这种病,就要真正重视教育,让学校比县政府好,让所有的学校建设都要超过政府部门,有了教育,我们才能够祛除愚昧,才能够让人变得有知识、有文化、有独立的判断。

第二颗药是我们要真正倡导民主和法制。只有有了民主和法制,我们看问题的时候才能够多角度,才能够真正有一颗敬畏之心。如果大家都敬畏法制,都依法来办事的话,像广东深圳这样的将两岁的孩子列为杰出人才的做法,恐怕就不敢再出现了。

第三颗药就是要真正来反思我们现在的一些问题。比如说我们的体制问题,比如说我们的言论还不是那么自由的问题。比如说还有很多,我不说了,你心里也清楚,那样的一些药,我们必须要。有人说曹老师您总得给一粒儿吧,您好坏得给一粒儿吧。行,我给你倒一粒。什么?宪政。宪政这一粒儿药从某种意义上可以保证我们这个国家和社会能够有一个平稳的发展,能够至少让腐败不那么厉害,至少让每一个人都可以自由地呼吸,让每一个人的权利都能够得到切实的保障,而让那些公权力又能够被牢牢地关进牢笼里,所以我曾经在接受第一视频采访的时候说,宪政是中国的唯一一条路,没有第二条,也没有第三条。如果你不认同我的这个药,那你就是像蔡桓公一样讳疾忌医,最终你的病将会深入骨髓,到时候那真的是无药可救。一旦无药可治,受害的不仅是你,是我,而是所有中国人。

不要重复西方人已经犯下的错误
——与彼得·辛格对话中国动物保护事件

近几年,包括活熊取胆、高速路救狗、取消动物表演等在内的动物保护事件,不断进入公众视野,并成为媒体报道的热点、公众争议的焦点。实际上,这是20世纪迅速发展的环境伦理学在中国的落地与萌芽,是中国将道德关怀从人际间扩展到人与自然间的伦理变革。

事实上,这种环境伦理变革,早就在世界上产生了广泛影响。这其中,"动物解放"的概念深入人心,并成为30年来风起云涌的动物权利运动最为响亮的口号。提出这一概念的,是曾任国际伦理协会主席的国际著名伦理学家彼得·辛格(Peter Singer)。

1973年4月5日,彼得·辛格在《纽约书评》上撰文,首次提出"动物解放"(Animal Liberation)。随后,他在此文章的基础上写成《动物解放》一书。该书自1975年出版以来,被翻译成二十多种文字,在几十个国家出版,其中英文版重版 26 次。"动物解放"论,由此成为世界动物伦理研究中影响最大、争议最多的主要理论。

2012 年 4 月 20 日,现同时任教于美国普林斯顿大学和澳大利亚墨尔本大学的彼得·辛格教授首次来华访问。4 月 22 日,我独家专访彼得·辛格,邀请他就活熊取胆、取消动物表演、高速路救狗、哈尔滨市养犬管理条例、激素奶牛等典型动物保护事件发表看法,并对中国日渐兴起和壮大的动物集约化养殖现象,提出意见和建议。

无动物表演:城市文明的新高度

【新闻事件:2012 年 4 月 14 日,中国动物园观察小组、它基金、达尔问自然求知社等志愿者团队及公益组织,邀请多名专家、政协委员等,针对动物园和马戏团虐待性动物表演等情况展开探讨,倡议让北京成为无动物表演城市。】

曹保印:最近,有不少学者和动物保护组织提出,倡议让北京成为无动物表演的城市。对此,你怎么看?

彼得·辛格:这是非常好的事。实际上,动物表演已经成了一个符号,象征着人类对动物的强制和控制。在所有的动物表演中,动物给人类表演的各种小戏法,大都不是它们的自然行为,都必须经过一定的训练。在训练的过程当中,如果动物做得不对,就会对动物加以惩罚。这样的惩罚,会让动物感到痛苦。比如,使用饥饿训练法,动物做得好了,就给食物吃;反之,则不给。有的动物,还常常会被鞭打。取消动物表演,则表明人们对动物更友好、更懂得爱护它们。

曹保印:就你所知,其他国家大城市的学者和动保组织,有没有提出过类似的倡议?

彼得·辛格:在西方社会,类似的倡议非常多。在西方,动物的表演主要集中在马戏团,在动物园里的表演是很少的。我本人在20年前就参加过这样的倡议活动,后来又参加过很多次。一开始,我是在澳大利亚倡议无动物表演,后来是在欧洲,再后来是在美国。现在,在世界各地,倡议无动物表演的活动越来越多。

曹保印:对这个倡议,有很多人表示,让动物"钻火圈"这类表演确实危险,然而海洋馆开放动物表演并不是坏事,人们尤其是孩子可以通过看表演的方式了解动物,从而知道如何保护它们。

彼得·辛格:对鲸鱼和海豚这样的动物,你没有办法让它们在海洋馆里满足自己的自然需求。因为根据它们的习性,它们通常需要游很长很长的距离,这是它们的自然生活。在海洋馆的池子里,它们是不可能拥有这样的自由的。

它们在海洋馆里生活得很压抑。

我不相信通过看被监禁的动物为人类表演,能够使孩子获得对待动物的正确态度。实际上,如果孩子想要了解海豚,可以看海豚在自然的环境当中真实生活的录像。要获得对动物的了解,最重要的是要看在自然状态下生活的动物。比如说,可以去观察大自然中的鸟类。

我发现,北京就有很多鸟,它们在枝头自由地飞落。我不知道在北京是否还有其他这样自然生活的动物,比如,在澳大利亚、美国,你经常可以看到松鼠,孩子们可以去观察它们。像这样,既让动物在自然的环境里生活,又将它们的生活加以保护,这样就可以实现人类和动物的近距离接触。对动物爱护的意识,是要通过观察不受监禁的、自由行为的动物的自然"表演"来获得的。

曹保印:北京海洋馆负责人表示,海洋馆所安排的表演很"人性化",如果这只海豚今天状态不好,则会用另一只状态好的"同事"替换,从不强迫海豚表演。每只海豚的表演项目都是根据海豚的特长来安排的,比如这只海豚喜欢跳跃,则安排它做空中跳跃的表演。对这种说法,你怎么看?

彼得·辛格:对海豚来说,在这种情况下,问题并不一定是身体上的疼痛。我担心的是,海豚在不表演的时候,它们在做什么?海豚在表演的时候,也许是快乐的,但是,在不表演的时候,就会非常无聊,什么事情都做不了。无论海洋馆做得多么"人性化",对于海豚来说也不是自然的环境;海洋馆的池子再大,对海豚来说,都是小的。池子再大,也大不过真正的海洋。

曹保印:2010年,国家林业局、住房和城乡建设部曾发布《关于进一步加强动物园管理的意见》等文件,要求禁止动物表演和野生动物与观众零距离接触活动,但两年后并未禁止。相关负责人表示,《意见》是规范性意见,不能作为执法依据。那么,这种"不能作为执法依据的、政府部门的规范性意见",在西方会有吗?

彼得·辛格:在西方,也有这样的由政府部门出台的建议性条例。因为,针对一些问题,很多法律并不是规定得十分精确,所以,政府部门就会出台一些条例。如果遵守了这些条例,就不会被起诉;否则,就可能会被起诉。但是,人们一般不会违反条例,而会自觉地尊重它。如果条例不能被很好地执行,它的危害就会很大。

曹保印:如果北京真的成了无动物表演的城市,它对北京的形象,将会有什么样的影响?

彼得·辛格:如果真的如此,它不仅会对北京这个城市的形象,而且会对整个中国的形象,都会有非常好的影响。它体现着一个城市新的精神,新的文明高度,也体现着一个国家新的精神,新的文明高度。现在,世界上有越来越多的城市,正在努力成为无动物表演的城市,北京需要跟上来,中国也需要跟上来。

活熊取胆:合法,但未必合伦理

【新闻事件:2012年2月1日,证监会创业板发行监管部公布IPO申报企业基本信息表,在这份名单中,从黑熊养殖、熊胆系列产品的研发、生产、销售为一体的归真堂赫然在列,被排在第28位。2月14日,动物保护公益基金会"它基金"联名72位知名人士,向中国证监会信访办递交吁请函,反对归真堂上市。】

曹保印:针对归真堂活熊取胆,中国近期曾掀起了一场动保风暴,你知道这件事吗?

彼得·辛格:我知道。在西方,有一些媒体对这个事情有所关注,特别是电视报道,还有网络上的录像,让我基本上可以看到这些熊的状况。它们身上有伤口,有的还穿着铁马甲,在西方,尽管不是每个人都知道,但是,大部分关注动物福利的人,注意到了这个问题。

在我听说过的关于虐待动物的事情上,活熊取胆是非常残酷的一个。中国公众对活熊取胆坚决反对的态度与做法,非常令人高兴。

曹保印:你了解到的情况,和归真堂说的不太一样。

归真堂认为熊生活得很快乐,有专门的游乐场,"熊快乐得像幼儿园的孩子一样",而且没有穿铁马甲。这也是归真堂反驳公众的理由之一。

彼得·辛格:我自己并没有看到现场,所以,尽管就具体事件而言,归真堂的熊场可能有所改进,但是,对熊来说,这实际上并没有根本性的改变。因为熊是个头非常大的动物,它需要很大的空间来生活或活动,归真堂并没有真正做到让熊自由地生活,有利于熊自身的需要。

判断熊真正处在什么样的状态,不能是归真堂的声音,也不能是支持者或者反对者的声音,而必须是独立机构的声音。这样的独立机构,必须要有动物行为专家的参与。专家用自己的专业意见,判断熊的状态,这很重要。

曹保印:针对活熊取胆这件事,有人在美国一家名叫"改变"的网站,看到了征集签名的调查,结果发现,只有很少人关注动物保护。在中国,这反而成了大众关注的焦点。这是为什么呢?

彼得·辛格:不能做这样的对比。在美国,公众更关注自己身边的事,而不是国外的事,这是比较自然的。美国人对发生在外国的虐待动物的事不是特别关注,并不能说明他们的动物保护意识不强,而是和它不是发生在自己的国家有很大关系。

事实上,美国有很多统计证明,如果虐待动物的事情发生在美国,当地的议会和政府会收到大量的抗议和要求严惩的信件,并且,这些信件会在短时期内急剧增多。在美国,对动物虐待的事情,公众的认知度比较高,那就是绝不能对动物施以虐待。

曹保印:归真堂的董事长曾说:"反对我,就等于反对国家。"在澳大利亚和美国,面对公众的批评,企业负责人会不会说出类似的话?

彼得·辛格:在美国,公众批判大公司非常正常。合法的,不一定就是符合道德的,不一定就是符合伦理的。三年前,我曾有一个非常好的朋友,就是在反对两个大的化妆品公司,一个是雅芳,一个是露华浓。这两个公司涉嫌用动物做实验,非常残忍。在这两个公司中,没有任何负责人敢说"反对我,就等于反对国家",但是,他们也会为自己辩护,强调自己对当地的经济、就业等所作的贡献。因为他们知道,一旦公众反对的声音太大,自己就会失去市场。所以,最终他们还是妥协了,因为他们不想因此而失去市场。

曹保印:《新京报》记者和归真堂负责人曾有这样一段对话,记者问:"你难道不知道熊痛吗?"归真堂负责人答:"你又不是熊,你怎么知道熊痛?"记者又问:"你也不是熊,你怎么知道熊不痛?"这似乎成了哲学问题。因为中国人爱说"子非鱼,焉知鱼之乐"。

彼得·辛格:熊痛与不痛,这不是哲学问题。西方社会也有这种辩论,特别是在集约化养殖的问题上,辩论得很激烈。实际上,动物不只是能感知肉体上的痛苦,也能感知精神上的痛苦,比如是不是受压抑,生活是不是非常单调,有很多不同情感状态的表现。

在欧盟,针对这样的辩论,设立了科学兽医委员会,由委员会来判断动物是不是承受了精神上的压抑与痛苦,如果最后的鉴定结论是,动物确实承受了精神上的压抑与痛苦,那么这种情况就必须加以改变。比如,对于集约化养鸡,由于这个委员会得出的结论是肯定的,现在欧盟已经改变了此前的规定,在新的规定当中,每一只母鸡都要有更大的生活空间,都要有自己的巢来产蛋,使它整个的生存状况得到了改变。

曹保印:像归真堂这样的企业,在澳大利亚会不会寻求上市?

彼得·辛格:西方不存在活熊取胆的事,所以,没办法具体评论。在西方,也没有类似的利用动物开发来获取利益的企业。通常来说,如果公众认为某个公司的做法违背了伦理,就会向选举出来的议员提出自己的意见,并通过他们去影响法律的修订,或者直接向政府投诉,有的还会对这类公司进行直接的抗议活动。

曹保印:有人认为,活熊取胆是为了治病。如果保护了熊,人的利益却受到了损害,那么,就不能保护熊。在熊命与人命之间,人命更重要。对此,你怎么看?

彼得·辛格:关键在于,能否做到既救人,又不让熊受到伤害。我还没有看到任何证据表明,熊胆汁能够救人命。在西方,测定某种药物是否有用,是要做对比实验的:用两组人,一组人用测试药物,另一组人用象征性的东西,看被测试的药物是否真的有效。

我非常支持中医药,只要它能真正对公众有益,就应该鼓励。但是,迄今为止,我还从来没有看到过这样的对比性测试。

哈尔滨市养犬管理条例:应该允许养到死

【新闻事件:2012年4月1日,黑龙江省哈尔滨市开始实施《哈尔滨市养犬管理条例》,《条例》规定:"居民养犬,每户限养一只,禁止饲养烈性犬、大型犬。"该禁令引起公众的强烈质疑,认为被禁养的种类过多,一些温顺的犬种也在被禁之列。同时,一些人对公安部门对居民已养大型犬的处置提出疑问,认为存在屠狗、虐狗行为。《条例》规定的六类犬只禁入区域,也同样引发公众的强烈质疑。】

曹保印:《哈尔滨市养犬管理条例》规定,凡是肩高超过50厘米、体长超过70厘米的犬类,一律禁养。对已经饲养的大型犬和烈性犬,居民可在2012年5月31日到10月31日自行处理。2012年11月1日之后没法安置的,可交公安机关留检所安置、饲养。对这种做法,你做何评价?

彼得·辛格:从原则上讲,有些大体型的犬,确实不适合在公寓里养。因为从动物保护的角度讲,大型犬需要大的生活空间,而公寓过于狭小。哈尔滨市的做法,实际上是让狗的主人被迫放弃狗。这是不合适的。由于和狗的长期相处,被迫让主人放弃狗,会让人感到痛苦。合情合理的做法应该是,让主人在狗的有生之年拥有狗。但是,也要规定,在此之后不能再养。

曹保印:能简单用狗的个头大小,来判断其是否该禁养吗?

彼得·辛格:当然不能。有些猎狗,虽然个头小,但也很凶猛。所以,不能单纯用个头大小,判断狗是不是凶猛,是不是该禁养。

曹保印:《条例》规定了六大类狗的禁入区域,如机关、企业事业单位办公区;学校教学区、食宿区,学前教育机构,医院,少年儿童聚集、活动的场所;影剧院、图书馆、博物馆、美术馆、体育场馆等公众文化娱乐场所;宾馆、饭店、商店;候车(船、机)厅等公共场所,但符合有关规定的除外;中央大街等步行街、休闲体育广场、绿化地带和公园。对此,你又有何看法?

彼得·辛格:只规定狗不可以去的公共场所,却没有给他们划出可以去的公共场所,这样的规定是很不合理的。狗需要自由跑动,在其他国家和城市里,是这样解决这个问题的,就是在公园里划出狗可以自由奔跑的特别区域,在这里,狗可以和其他的狗一起玩耍。在有的公园里,即便狗不能自由跑,但只要牵着,就没问题了。至于学校、医院,不同的国家和城市,有不同的规定,但只要有人牵着,除了特殊的地方,一般来说就都可以进。在西方,比较普遍的禁区是食品店,食品店不允许狗进入,而只能拴在外面。

曹保印:餐厅可以进吗?

彼得·辛格:除了导盲犬,狗一般不能进入餐厅。

曹保印:很遗憾,在北京,导盲犬也不能进入餐厅。

彼得·辛格:这是不应该的。导盲犬可以进入所有的公共场所。在西方,如果拒绝导盲犬进入公共场所,是要被追究法律责任的。

高速路救狗:"狗道"和"人道"可以兼顾

【新闻事件:2011 年 4 月 15 日,因怀疑待宰杀的狗系非法途径而来,数百名动物保护志愿者、小动物保护协会成员,在京哈高速上强行拦截了一辆河南籍的运狗车辆。僵持15个小时后,最终,动物保护组织和志愿者出资11.5万元,将整车520条狗买下,连夜送往动物流浪中心安置。】

曹保印:在高速路上拦运狗车,这样的方式,是不是可行?

彼得·辛格:如果因为救狗,人可能会被伤到,我不希望这样的事情发生。这是危险的。可以用其他更安全的方式,既阻止动物被虐待,又防止人被伤害。

曹保印:针对这件事,有人说,此举是滥用私刑。你怎么看?

彼得·辛格:在西方,有这样一个相当长的传统和历史,那就是虽然行为的方式有道理,但却是非法的。对此,西方人称之为"非暴力不合作",马丁·路德·金就是用这种方式,达到反抗种族歧视的目的。所以,虽然高速路救狗可能是非法的,但由于它是正义的,所以,要尽量采取和平的、非暴力、不危险的方式来做。

曹保印:高速路救狗事件发生后,动保基金出钱买下了全部的狗。最近几天,又发生了类似买狗救狗的方式。对这种救助方式,有人提出了批评,认为会刺激狗的买卖。你怎么看?

彼得·辛格:的确如此。如果出钱购买狗,是会刺激市场的,所以,这是不对的,也是不可取的。但是,如果证明这些狗的来源不合法,那么,临时通过购买去紧急救助,也是可以的。最关键的是,要从源头上阻止这类事情的发生,然后再开展后续的救助。当然,我并不是只关心狗,我关心所有的动物,比如猪。猪是非常聪明的动物。

曹保印:有一种观点认为,中国还有很多穷人没有得到及时救助,动保志愿者却忙着去救狗。这是只讲"狗道",不讲"人道"。

彼得·辛格:并不是如此。在我的经验当中,这两者可以兼顾。那些救助动物,为动物工作的人,常常也同样会去救助人。很多救助动物的人,常常会更加关注人类的贫困问题。反倒是那些不关注动物苦难的人,往往谁都不会关心,不管你是不是人。

曹保印:有人说,人类还没有解放,就去提倡动物解放,是不是虚伪的,或者说,是不是过于超前了?

彼得·辛格:绝对不是这样的,不是虚伪,也不是超前。人类的问题是永远存在的,像美国这样的发达国家,也有贫困问题,也有种族歧视问题。如果要把人类的问题都解决完了,再去考虑解决动物的问题,这是不可能的。事实上,二者完全可以同时去做。这两个问题是相互促进的,那些关注动物的人,也会关注人,并不是相互矛盾的。

曹保印:现在,世界上已有100多个国家和地区出台了反对虐待动物的法案,而中国只有《野生动物保护法》,关于猫狗之类非野生动物的管理法规,尽管一直在酝酿中,但迟迟未能制定。对非野生动物,是不是也要立法保护,包括集约化养殖的动物?

彼得·辛格:这个问题非常重要,非野生动物当然需要立法保护。圣雄甘地曾经说:"从对待动物的态度上,可以判断出一个民族是否伟大,精神是否高尚。"因为动物是最弱势的,它们没有办法表达自己的意愿。我们需要保护野生动物,也需要保护所有的动物。

中国有非常好的保护动物的古老传统,应该把这种美好的传统,继承下来,发扬光大。中国现在的经济、社会发展速度很快,中国要对外展示自己的社会文明发展成果,要树立自己良好的国家和民族形象,特别需要尽快制定出台一个全面的动物保护法。

意见和建议:中国人应坚守自己的传统

曹保印:中国的动物保护运动刚刚开始,而随着经济和社会的发展,中国也正在成为一个食肉大国,所以,集约化养殖越来越多,与此相关的问题也随之越来越多。对中国的动物保护运动,你有什么样的意见和建议?

彼得·辛格:就虐待动物而言,集约化养殖是当前中国面临的最大问题。在这方面,中国还没有完善的立法,来保护集约化养殖的动物。

在西方的20世纪六七十年代,也有相似的情况。那时候,集约化养殖的规模在不断扩大,虽然当时已有相关的立法,但力度不够,以至于出现了很多虐待动物的事情,食品安全也出现了问题。仅仅是在近年来,相关的法律才开始不断完善。在集约化养殖的问题上,中国一定要有相应的法律跟上,而不要重复西方所犯的错误。

活熊取胆的事情,虽然可以用成千上万来形容,但是,集约化的动物养殖,却是规模更大的,需要用数以十亿计来形容。特别是商业利益的介入,是一个很大的力量,并且在短时间内难以阻止。所以,在这个背景下,立法就特别重要。只有立法,才能起到既保护动物,又保护人类的作用。

曹保印:快速发展的中国,对肉食也有一个快速的增长。

彼得·辛格:中国人正在提高对肉食的消费量,这无论从身体健康的角度还从环境保护的角度来讲,都是不好的。

有很多证据表明,传统的中国人的饮食是相当健康的,其中肉食的比例相当小。即使是现在,肥胖的人还不是很多。在北京,我看到肥胖的人就很少。吃很多的肉,不仅会变得肥胖,而且会增加很多其他的疾病。

集约化养殖对环境会产生极大破坏,包括对水的污染、温室气体排放等。所以,最好不要重复西方走过的路,特别是不要照搬美国人的饮食。

曹保印:但是,还是会有人质疑,为什么美国人能吃肉、喝奶,我们中国人富起来了,却只能吃素、喝汤?而如果要适应大规模的肉食生产,就必须依靠集约化养殖。

彼得·辛格:实际上,美国人意识到自己的错误,正在不断地修正这个错误。他们在过去的很多年中,肉食的消费是上升的。但是,在最近一些年,肉食的消费已经开始下降了。吃太多的肉,是非常不健康的,美国出现了很多过于肥胖的人。

中国人不要去模仿美国,不要再去犯美国人已经犯下的错误,而是要比他们做得更好一些。

是不是大规模生产肉食,取决于消费者的取向。如果消费者对肉食有大量的需求,自然会推动或刺激大规模的集约化养殖。但是,如果消费者受过良好的教育,意识到吃太多的肉,对自身健康和环境都是有害的,从而减少肉食的消费,那么,肉食消费的市场就会萎缩。同时,也要看到,在这个问题上,有利于环境,对动物、对人的健康,都有好处。

至于有一些人说,为什么美国人能吃肉、喝奶,我们却不能?这是很幼稚的问题。中国人应该更自信,应该坚守自己的传统,不要去重复别人已经犯下的错误。中国有自己好的传统,应该让自己的传统发扬好,不要总觉得别人的都是好的。

素食与健康:素食对健康是有利的

曹保印:"一杯牛奶强壮一个民族",这个观点传播很广。受这个观点的影响,中国很多地方实施了"牛奶进校园工程"。对此,你怎么看?多喝牛奶,真的能让一个民族变得强壮吗?

彼得·辛格:这是一个误区,也是一个错误的认识,并且还是在模仿西方的饮食。实际上,中国有自己非常好的传统,这个传统就是有自己的高蛋白食物,比如豆腐、豆浆,这些都是非常健康的食品。

曹保印:最近有一个新闻,说是高龄奶牛往往要通过注射激素,才能不断产奶。这种现象,你听说过吗?

彼得·辛格:以前在西方,确实有过这种类似的做法,为了让奶牛多产奶,就给奶牛注射激素。但是,出于对动物的保护,以及对人类健康的考虑,在西方,这种做法现在已经被明确禁止了。

曹保印:我知道你是素食者,你的夫人也是素食者,你们选择素食,是出于宗教信仰,还是出于对动物的热爱,对自身健康的考虑?

彼得·辛格：我们没有宗教信仰，也不是出于对自身健康的考虑，我们选择素食，是出于对动物的爱护。在我们看来，对有感性的动物，如果吃它们的肉，喝它们的奶，这是不道德的。特别是把它们放在恶劣的环境当中，让它们承受虐待之后，再吃它们的肉，喝它们的奶，更是不道德的。

曹保印：那是不是意味着，素食并不一定有利于身体的健康？

彼得·辛格：我们选择素食，并不是首先出于对健康的考虑，但是，在决定选择素食之前，我们也确实查了很多资料，做了很多研究。如果素食会对健康有害，那么，我们的选择可能会是不同的。

然而，我们从实践得出的结论、对其他长期素食者的观察，以及从科学的研究结论来看，素食都是对健康有利的。我们的三个孩子，从小就是素食，也不喝牛奶。当然，虽然有时不可避免地会吃含有牛奶的食品，因为有些食品在制作时会加入牛奶。我本人不喝牛奶，只喝豆浆。

我们夫妇都已经素食 42 年了，三个女儿都非常健康，最大的孩子今年已经 37 岁了，其中两个女儿的个头还很高，比其他孩子高出很多。我想，这应该也是一个很好的例证。

人和狗及猪一律平等吗

说一个人"猪狗不如",这是骂人,不文明。说一个人"如猪狗",这也是骂人,也不文明。说一个人"比猪狗强",这还是骂人,还是不文明。总之,只要拿人和猪狗比,如也好,不如也罢,反正都是骂人,都是不文明。之所以如此,是因为在人的眼里,猪狗是等而下下之的,而人是等而上上之的,拿"下下之"和"上上之"作比较,自然无论如何都会让"上上之"觉得是侮辱。

这样一来,"人和狗及猪一律平等吗"这种设问,答案似乎就显而易见了,那就是——当然不! 人是高贵的、讲文明的,是万物的主宰,怎么可能和猪狗讲平等? 猪狗算什么东西! 可如果我接下来问:动物有喜怒哀乐、爱恨情仇吗? 你又将会怎么回答? 假如你还是回答"当然不",那么,我只能说,你的文明修养至少是知识结构,还有着很大的欠缺。事实上,正确答案应该是去掉"不"字。

动物当然有喜怒哀乐、爱恨情仇,因为动物有血有肉,能敏锐地感知痛苦和欢乐。在这一点上,其丰富程度并不比人差。也正因如此,动物是有精神的,而进一步说动物有着自己独特的精神世界,当然也完全成立。由此出发,在动物的身上,也自然而然存在着虐待的问题——肉体虐待和精神虐待。事实上,除中国之外的很多国家和地区,早已出台专门法律禁止虐待动物,违者严惩不贷。

为什么要这样做?因为虐待是不文明、不道德的,而不文明、不道德的行为,当然应该被文明地、有道德地依法制止。在这里,文明、道德、法律这类本来作用于人的"专利",开始在事实上被作用于动物,并成为保护动物的有力武器。也因此,印度圣雄甘地说:"从一个国家对待动物的态度,可以判断这个国家及其道德是否伟大和崇高。"这句话,就印在被誉为"生命伦理学的世界经典"的《动物解放》这本书的封底上。它的译者是著名流行病专家祖述宪。

将对待动物的态度,上升到国家及其道德的层面上,这是甘地主张众生平等思想的经典体现之一,也是其关心弱势者利益、富有人性的思想表达。所以,如果我这样套用一下,也同样成立,并且它也的确是无可置疑的普世价值:"从一个国家对待弱者的态度,可以判断这个国家及其道德是否伟大和崇高。"正是在这个意义上,我们才会说:要想知道一个国家是否文明,最好的办法莫过于去看它的监狱。要知道,监狱里失去自由的犯人,是居于人类最底层的弱势者。

实际上,"众生平等"并不只是佛学教义,而更是普世价值——只有众生平等,才能众生和谐,也就是人与自然和谐。既然同样拥有喜怒哀乐、爱恨情仇的精神世界,那么,同为有血有肉的生命体,用《动物解放》的作者彼得·辛格的话说:"认为动物所感受的痛苦没有人的重要,在伦理上没有正当理由。"故此,他主张"所有动物一律平等",人类平等所根据的伦理原则,也适用于动物。这是因为,"平等是一种道德观念,而不是一种事实的认定"(彼得·辛格),比如说,"任何一个人的善,都不比另一个人的善更重要"(亨利·西季威克)。

好了,那么现在,如果你接受彼得·辛格"所有动物一律平等"的观念,你就得承认"人和狗及猪一律平等"。当然,诚如上述,这是一种道德观念上的平等,而不是事实权利上的平等。也就是说,你不能将"法律面前,人人平等"这个仅仅适用于人类社会的、象征着秩序和文明的游戏规则,简单替换成"法律面前,人和动物平等"。否则,人故意杀死一个动物,就像人故意杀死另一个人一样,将会被法律予以严惩,一命抵一命,被判处死刑或遭终身监禁。

其实,很多国家和地区之所以纷纷出台禁止虐待动物的法律,一个重要的文化背景,就在于承认人与动物在道德观念上的平等。这也就是彼得·辛格在书中所说的:"当动物所感受的痛苦(或快乐)与人所感受的痛苦(或快乐)在程度上完全相符时,认为动物所感受的痛苦或快乐没有人的重要,在道德上找不到正当的理由。"遗憾的是,直到如今,除香港和台湾地区外,中国内地还没有出台禁止虐待动物的专门法律,在其他法律中,也没有相关法条。由此造成大规模无谓虐杀动物的现象层出不穷,社会影响极为恶劣,却无一例受到法律的惩戒。

2009年陕西汉中杀狗事件:

> 6月1日,陕西汉中市政府新闻办公室举行狂犬病防治工作情况通报会,通报了该市近期狂犬病疫情,目前已有8人发病死亡,仍有2名疑似病例住院,一个月内已捕杀野犬和流浪犬等可疑犬只2万余只。
>
> (2009年6月1日新华社电)

另据媒体报道,隶属于汉中市的洋县已经因此成为"全国第一个无犬县"。新华社的这则报道并没有涉及捕杀的具体细节,据其他媒体报道及一些动物保护团体的实地调查,这2万余只被捕杀的狗,只有极少一部分是野犬和流浪犬,绝大部分是家养犬,其中不少是拥有合法证件且注射过狂犬病疫苗的。更重要的是,捕杀的手段基本上是虐杀,如棍打、刀砍、枪击,且血腥捕杀的地点常常是在大庭广众之下,根本不回避老人和儿童。

事件发生后,除了当地媒体,绝大多数媒体对此持批评立场,民众也纷纷抗议,动物保护团体更是组织专业力量,通过召开新闻发布会、对策研讨会等形式,试图警醒当地政府,如2009年6月28日在北京举行的"中国科学有效预防狂犬病和人道控制方法座谈会"。我应邀参加了这个座谈会,并担任主持人。会上,包括国家首席兽医师、农业部兽医局局长贾幼陵在内的多位专家学者,对汉中简单、非人道捕杀大量无辜犬只的做法提出批评,认为这样做不但难以有效控制狂犬病,反而造成了恶劣的社会影响,当地政府其实是在回避自身的责任与过失,而不是真正科学地解决问题,因为健康犬只是不带狂犬病毒的。

可悲的是,媒体立场、民众抗议、专家观点乃至众多国际动物保护组织的声音,基本上被当地政府当成了耳边风,并且态度强硬到宣称——"将打狗进行到底!"然而,当地政府这样做的恶果,在动物保护思潮日益发展壮大的全球化背景下,既严重损害了当地政府的形象,更进一步严重损害了中国的国家形象——世界上的人们,将如何评价我们的国家及其道德?"伟大和崇高",离我们近了还是远了?作为文明古国,这是耻辱,不是光荣。不过,令人欣慰的是,《中国动物保护法》的立法工作已经上路,尽管这条路很长,艰难而又曲折。期待有那么一天,对"人和狗及猪一律平等吗"这个问题,中国公众的回答毫不犹豫:当然!届时,无论是在道德层面上,还是在文明水准上,中国都必将更上层楼。

最后需要特别说明的是,对"狂犬病"这个在中国早已习以为常的疾病命名,我并不认同,而赞同山东大学副教授郭鹏的观点,即像将"猪流感"改名为甲型H1N1流感病毒那样,将其更名为"恐水症"。因为"在英语当中,与汉语的'狂犬病'对应的是'rabies',它本是拉丁文,意思是'疯狂'。我们看到,在'rabies'这个词当中找不到'狗'的影子。"(郭鹏)而且,根据在美国的统计,携带这种病毒的主要是浣熊、蝙蝠和臭鼬,狗远远排在后面。这并不是无意义的、简单的词语更换问题,而是严肃的科学精神问题。科学就是科学,既来不得半点不严谨,更来不得一丁点儿的错误——至少,知错就要马上改。

杀不杀狗，谁说了算

近日，云南弥勒县出现一例狂犬病死亡病例后，该县政府下令将全县内的犬只和猫全部扑杀，有藏匿者将遭罚款。当地有人质疑一律扑杀的做法，当地有关官员回应称，人命重过狗命。据当地畜牧局统计，弥勒县共有各类犬只9万多只，截至2008年9月3日，当地已免疫犬只8万4千多只，累计扑杀犬只1万1千多只。

2008年10月25日，《新京报》在刊发上述报道时，还同时配发了两幅图片，内容分别是一条网住的狗正被扑杀，在填埋坑前扑杀者将狗扔进坑内。

我注意到，网中的那条大狼狗，蜷缩成一团，巨大的恐惧使它的面部扭曲，但是，它的眼神却呈现出一种令人难以直视的哀怨与委屈；与之形成鲜明对比的，是杀狗人的"咬牙切齿"，他手中那根正落向狗头的棍子上，是鲜红的斑斑血迹。在他的左前方，另一位杀狗人也高举起棍子，瞬间也将落下……

纯粹站在人的立场上,当地官员"人命重过狗命"的说法,可能是有一定的逻辑。毕竟,在由人类组成的"社会"里,人才是一切的核心,也才是一切的主宰者。这也恰恰是人类自诩为"万物之灵"的"理论"基础。而这个"万物之灵"的自诩封号,让人类无比骄傲,俨然是整个生命世界中说一不二的"王"。

然而,事实并非如此。即便真是纯粹站在人的立场上,一切从人的全部利益——物质利益与精神利益出发,也不能够说,人对除人之外的所有生命,都掌握着随意生杀予夺的无上威权,并且真的可以这样做,甚至因为一直这样做着,就自认为是对的、合理的、无可非议的、不容反省的。

为什么?因为,人是大自然之子,但大自然并不独属于人,在大自然这个巨大的生命体系中,所有的生命,无论他是一个人,还是它是一只虫,都有着生命存在的价值与尊严。更重要的是,这一种生命和那一种生命之间,并不只是"敌"的关系,还有"友"的关系,而维护它们的平衡,关系到所有生命的存续。

所以,从这个意义上说,人不是说一不二的"王",其他生命也不是行尸走肉的"奴",如果不是为了生命存在的绝对必须,则人无权随意剥夺与凌辱其他生命,反之亦然。只有这样,才有望达至众生之间的平衡,大自然也才能健康长寿——是的,大自然也是一种生命,不然,我们为什么要称之为"母亲"?

那么,回过头来,看弥勒县对狗和猫的态度。当地为何有人质疑一律扑杀?朴素的生命关怀是一种理由,谁忍看自己家的狗和猫,无端暴毙于棍棒之下?现实的利益相关是一种理由,"农村治安基本靠狗",见不到狗,如何防盗?对科学的信任是一种理由,已注射免疫针的狗,为何还要扑杀?

因此,尽管当地政府出于"人命重过狗命"的考虑,对狗和猫下了"格杀勿论"令,但显然,它既没有经过公众的广泛讨论,也没有借鉴最新科学成果:近日,中国疾病预防控制中心(CDC)传染病预防控制所与美国CDC、贵州省CDC、美国佐治亚大学等单位联合研究证明,健康犬不传播狂犬病毒。

由于出现个别狂犬病死亡病例,就对辖区内所有狗和猫"格杀勿论",这种非理性的做法并非弥勒县的首创,弥勒县也不是个案,而已经成为一种现象。面对这种现象,我们必须及时躬身自省:杀不杀狗,推而广之,杀不杀除人之外的其他生命,谁说了算?是非理性的眼前利益冲动,还是理性的终极价值关怀。

猫馆长死了,谁还活着

猫馆长死了,埋在清华大学的草地里,旁边的一棵大树,做了它的墓碑。有人去献花,有人来哀悼,当然,更多的人飘然而过,不知道也不想知道,在大树旁的草地里,从此永远睡着一只曾经被年轻的学生称为"猫馆长"的猫。

猫馆长有了归宿,而且长眠于水木清华,我想,它也许该安息了,无论它的逝去,是自然生命的终结,还是被人类蓄意杀害。不安息又能怎样呢?找到凶手又能怎样呢?

尽管,这只特立独行的猫,有着一顶虚幻的馆长高帽,但这又能如何?要知道,连复旦大学真正的馆长,都会因为批评了教育部,而只能选择挂冠而去,何况一个无名的馆长呢?猫馆长没有批评过谁,但谁能说,它没有令谁厌恶过呢?

厌恶你,所以,就请你去死。如果你不死,那我就创造让你死的条件,不管是嫁祸于人,还是亲执利刃或者毒药。你不要奢望,我能坐下来,和你聊聊天,听听你的想法,说说我的观点,然后,彼此尊重,和平共处。对不起,我没那么闲工夫。

杀!

这是最快捷的方式,也是最除根的方法。这不仅仅是经常发生在校园里、实施于小动物的思维逻辑与行动指南,更是早就超越了校园,几乎成为全社会的价值共识。难道,看这篇文章的你,在诸如此类的难解问题上,没有动过这样的念头?哪怕,闪电之间。比如,对那位贪污了那么多亿金钱、精射了那么多美女,却只被判死缓的政府高官。

所以,猫馆长死了也就死了,水木清华依然水潺潺,木荫荫,清华还是一个金字招牌,忽悠着年轻人用朝圣般的心态,跪倒着朝它前行。其实,这些年轻人并不知道,当一个又一个动物,特别是流浪动物,在清华园里神秘地死去,清华的这块金字招牌,不只是悄悄被蒙了尘,而是慢慢被驱走了高贵灵魂。

没有高贵灵魂的招牌,是不值得跪拜的,因为它只是一块招牌,除了招牌,它什么也没有,没有高贵,没有灵魂。

多年前,我曾躺在印度一所大学的草地上,一边听着大树上清脆的鸟鸣,一边和一只晒太阳的慵懒的狗对话,它用毫无戒备的温柔的眼神看着我,享受着我像对初恋情人一样温柔的抚摸,那么放松,那么享受,那么超然。你简直觉得它不是一只长年流浪在大学校园里的狗,而就是一个漂亮的、穿着闪光纱丽的、神女般的姑娘,因为一场突然的邂逅,而有了一段美妙的异国恋情。

在那一刻,我突然发现,印度的这所大学是有高贵灵魂的,而且灵魂就在这只流浪狗的身上。因为,在校园里,它是受到大家尊重的生命,学生们不但不会和它抢阳光、抢草地,反而会将最温暖的阳光送给它,最温柔的草地让给它。

而与此同时,狗也会将这种高贵灵魂,作为最珍贵的礼物,送给一届届毕业生,让他们带着尊重一切生灵的灵魂,走出校园,走向社会,去创造一片既属于神,也属于人的天地。

猫馆长死了,谁还活着?

现在,幸福的是死了的猫馆长,不是活着的我们。猫馆长终于可以放松神经地睡觉了,而我们还需要竖起耳朵,听着暗处弓弦拉动的声音……

禽流感，人类自戕的谶语

今天，一个疾病的幽灵，正在整个世界的大地上徘徊。它的到来，使人类恐慌，因为它只遵循自己的规则，而无视那一道道戒备森严的国界。在它的眼里，既没有富裕之国，也没有贫困之邦，无所谓强者，也无所谓弱者。只要是翅膀可以飞到的地方，它都可能会留下自己的脚印，而这脚印就仿佛一个信号，预示着一场人类的新灾难，开始酝酿。

禽流感，就这样悄悄溜进了人类的生活，甚至构成了人类文化的一部分。而它之所以能够溜进人类的生活，居然是人类自己打开了潘多拉魔盒。为什么这样说？因为从现有的科学研究成果看，禽流感的发生之源，是大规模的工业化动物养殖场；而动物在此类养殖场中的生存条件之恶劣，比喻之为人类宗教信仰中的"地狱"，并不为过。

美国著名生命伦理学家彼得·辛格在《动物解放》一书中就说，在工业化动物养殖场里，"鸡在出笼屠宰前从来不见阳光，呼吸到的空气弥漫着它们自己的粪便所产生的浓重氨臭。通风适当能让鸡在正常环境下生活,但如果机器发生故障,鸡立刻就会发生窒息。"也正是在这样的环境中,许多神秘疾病悄然袭向鸡群,比如迄今所有的研究结果都不能清楚地解释,为什么一些外表健康的鸡会突然死亡。而禽流感,只是这些神秘疾病的一种。

然而,在以人类占绝对统治地位的地球上,所谓"文明"只是对人类而言,所谓"权利"自然也是如此。在人类面前,动物只有以命相侍的资格,其身体与可供人类食用的植物价值等同——尽管它们与人类一样,也知道肉体的疼痛,也拥有精神的世界。世界著名科学家卡尔·萨根说:"如果黑猩猩有意识,如果他们具有抽象思维能力,难道他们就没有至今被我们称之为'人权'的东西吗?到底一个黑猩猩要聪明到什么程度,我们杀死他才算谋杀呢?"

禽类,曾是那样自由,它们的翅膀只需轻轻扇动,就可以天高任我飞;禽类,又曾是那样与人类亲密相处,它们与我们的初民之间的关系,甚至可以用"风雨同舟"形容。然而,随着人类文明的步步发展,禽类的翅膀开始慢慢变得沉重,而今甚至沉重得无法抬起——在工业化养殖场里,剪羽已是常规;与人类的"风雨同舟",自然也早已成为遥远而又遥远的过去,今天的它们,已仅仅只是人类肠胃填充物的普通一种。

对此,所谓"万物之灵"的人类,非但没有丝毫愧疚,反而津津其为"文明"。而且,随着"文明"的步步发展,包括禽类在内的动物们,越来越陷入万劫不复的命运深渊。而陷入这深渊的,并不止于被人类作为肠胃填充物饲养的所谓"家禽"、"家畜"。试想,在今天这个本来是全体生灵家园的地球上,还有多少属于动物们独有的领地?对此,人类也许可以高声赞美自己的伟大,但人类可曾想到,在很多时候,赞美的话语也常常会蜕变成自戕的谶语?

禽流感的出现,正是这种成真的谶语之一。当一个个人类的生命,被禽流感夺去;当一个个人类的家园,被禽流感的阴影笼罩……这不就是谶语成真吗?而要想阻止它的成真,其唯一之途,也许应是在一定程度上,反现行的人类"文明"之道而行之,像我们的初民那样,充分尊重动物的权利,与动物和谐相处。

假如我们这样做了,那就不但会使人类活得更有尊严,也会活得更加安全、更加文明。毕竟,不管人类多么进步,它永远无法与"自然之子"划清生命界限。

当我逝去,请在我的墓碑上写下……
——我之新闻评论观

我已经多年不写诗了
我已经忘记什么叫诗
我已经忘记诗的颜色和味道
我已经忘记诗的呼吸和声音
但,今晚
我想写一首诗
诗的名字一如爱人的心跳
当我逝去,请在我的墓碑上写下……

当我逝去,请在我的墓碑上写下——
在这里安息的
不是一个说假话的奴才
而是一个说真话的人
他有着人的呼吸

他有着人的声音
他有着人的情感
最重要的
他有着人的心
鲜红着、跳动着、澎湃着
他可以对不起所有人
唯独不能对不起自己的良心

当我逝去,请在我的墓碑上写下——
在这里安息的
不是一个说空话的小丑
而是一个说实话的人
他有着人的喜悦
他有着人的悲伤
他有着人的激情
最重要的
他有着人的魂
坚毅着、坚定着、坚强着
他可以对不起所有人
唯独不能对不起自己的灵魂

当我逝去,请在我的墓碑上写下——

在这里安息的
不是一个说软话的懦夫
而是一个说硬话的汉子
他有着人的愤怒
他有着人的苦闷
他有着人的勇气
最重要的
他有着人的骨头
坚硬着、挺直着、强悍着
他可以对不起所有人
唯独不能对不起自己的脊梁

当我逝去,请在我的墓碑上写下——
在这里安息的
不是一个说套话的木偶
而是一个说人话的人
他有着人的弱点
他有着人的优点
他有着人的七情六欲
最重要的
他是一个真正的人
欢笑着、哭泣着、呐喊着

他可以对不起所有人
唯独不能对不起自己的亲人

当我逝去,请在我的墓碑上写下——
在这里安息的
不是一个说大话的骗子
而是一个说微语的人
他有着人的狭隘
他有着人的自私
他有着人的自利
最重要的
他有着人的真实
透明着、开放着、舒展着
他可以对不起所有人
唯独不能对不起自己的爱人

当我逝去,请在我的墓碑上写下——
在这里安息的
不是一个说粗话的野蛮人
而是一个讲理性的文明人
他有着人的理性
他有着人的思想

他有着人的抱负
最重要的
他有着人的目标
探索着、攀登着、超越着
他可以对不起所有人
唯独不能对不起自己的梦想

当我逝去,请在我的墓碑上写下——
在这里安息的
不是一个拷贝声音的机器
而是一个有血有肉的人
他有着人的痛
他有着人的苦
他有着人的忍
最重要的
他有着人的准则
公平着、公正着、公益着
他可以对不起所有人
唯独不能对不起自己的同类

当我逝去,请在我的墓碑上写下——
在这里安息的

不是一个说阴话的鬼
而是一个说阳话的人
他有着对神的敬畏
他有着对神的尊崇
他有着对神的午夜梦回
最重要的
他有着敬神爱神的信仰
谦恭着、匍匐着、仰望着
他可以对不起所有人
唯独不能对不起自己的神

当我逝去,请在我的墓碑上写下——
在这里安息的
不是一个说肮脏话的疯子
而是一个说干净话的人
他有着人的自觉
他有着人的自愿
他有着人的自洁
最重要的
他有着人的尊严
卑微着、平凡着、骄傲着
他可以对不起所有人

唯独不能对不起自己的良知

真的,我已经多年不写诗了
我已经忘记什么叫诗
我已经忘记诗的颜色和味道
我已经忘记诗的呼吸和声音
但,今晚
我想朗诵这首诗
诗的名字一如爱人的心跳
当我逝去,墓碑会告诉你
我曾来过

我曾来过
我不后悔

我知道我是谁
我是一个真实的我
真快乐

我知道我是谁
我是一个赤诚的我
真自在

我知道我是谁
我是一个无愧神明的我
真幸福

请记住
今晚,真实的我
曾来过

请记住
明晚,赤诚的我
还要来

请记住
来生,敬神的我
会归来

以神的气度
以人的形态
归来

一幅儿童画里偷偷藏了多少秘密

一幅儿童画里,究竟偷偷藏了多少奇妙的秘密?比如,创造财富、分享财富的秘密;创造欢乐、分享欢乐的秘密;教育孩子、完善父母的秘密……你可曾想过?如果没有,现在,请听我悄悄告诉你!

我要挣钱啦

2013年12月10日,因为感冒发烧,我六岁半的女儿天天没去上学。下班后,我婉拒朋友的晚宴邀请,匆匆赶回家,希望多陪她一会儿。晚饭前,我和她玩得很愉快,于是,晚饭的整个过程,始终充满了欢笑。在晚饭接近尾声时,太太讲了一个小故事——

"天天班里有一位同学,可好玩儿啦!我听他妈妈说,他在家里特别喜欢挣钱,扫地能挣钱,洗衣服能挣钱,涮碗能挣钱……钱挣了不少,却一分也不花,都让妈妈帮他存了

起来……"

我注意到,在听故事的过程中,天天的眼睛越睁越大,一点点放出光来,终于,故事刚讲完,她马上向我提出了自己的问题。

"爸爸,我也能这样挣钱吗?"

"你愿意挣钱吗?"

"愿意!我愿意!你说,我干什么能挣钱?"

"嗯……帮妈妈扫一次地,可以挣5块钱;帮爸爸洗一双臭袜子,可以挣10块钱;给铁蛋洗一次澡,可以挣15块钱……"

铁蛋是我家的宠物狗,个头不大,年龄不小,比天天还大一岁。

"读一本故事书,可以挣钱吗?"

"你自己读,挣不到钱,因为读故事书本来就是你应该做的事。不过,如果是你读故事书给爸爸听,那就可以挣到钱。为什么呢?因为你付出了不是现在必须要付出的劳动,而爸爸却享受了你讲的故事。要是等爸爸老了,你再读故事书给爸爸听,那么爸爸也不用付给你钱了,因为这是你应该做的。孝敬老人,是每一个长大了的孩子都需要做好的事情。就像照顾孩子,是每一个大人都需要做好的事情。"

道理讲得很长,也有点儿深度和难度,女儿可能似懂非懂。

"读一本故事书,多少钱?"

"5角。"

"画画能挣钱吗?"

"嗯……能!"

"能挣多少钱?"

"两块!"

"行!"

女儿干脆利落地说完,随即跑向书房,取来笔和纸,铺在餐桌上,开始构思第一幅准备挣钱的画。这时,我还在享受晚餐的美味。

"画什么呢?"

"你想画什么都可以。不过,你的画要让买家满意才行呢!不然,买家可不会付钱买画的!"

"我知道……有了!就画爸爸吃饭喝酒,妈妈吃饭喝汤!"

说完,小画家就开始作画了。画着画着,问题就来了,小画家不小心在爸爸的眼睛下画了长长的一道线。这可怎么办?小画家想扔掉重画,我便提醒说:"不用重画,想想看,可以把这道长线改变成什么?画画不一定全部写实,也可以想象呀!"

"嗯……鼻涕?胡子?对了,就画胡子,长长的胡子!"

于是,画中的爸爸便留了两道长长的黑胡子,而生活中的爸爸却从来也没有留过这么长的黑胡子。

买家爸爸真挑剔

小画家继续画,买家爸爸一边继续吃饭,一边提出各种意见。

"我的胳膊太细了,不像男子汉呢!"

小画家迅速加粗了胳膊,顺便加大了手。

"咦,我喝酒的酒杯呢?"

"这儿!"小画家指着画中递往嘴里的小酒杯,说:"只不过有点儿小,像奶嘴儿!哈哈哈……"

"我喝酒时,铁蛋总喜欢蹲在一边儿等肉吃,可是我没看见画里有铁蛋呀!"

三笔两划,铁蛋满面笑容地出现在了桌子下面。

"爸爸吃饭时,有妈妈陪着呢,她去哪儿了?"

"别急,她在旁边,我还没有画呢!"

又一张桌子,出现在了画面的另一边,桌子旁边很快出现了一位女孩,头发长长的,呈三角形;身体更是直接被画成了三角形,胳膊直接从脖子里长出来。这是小画家平时的习惯性画法。

"妈妈的头发没有这么长呀,怎么办?"

"这还不简单?画两把剪刀!妈妈边吃饭,边剪头发!"

于是,画面中,妈妈的头发两边,就多了两把小小的红色剪刀。

"可是,妈妈的身体怎么是三角形?"

"嗯……这是裙子,不是裤子!"

"可是,就算是裙子,胳膊也不能直接从脖子里长出来呀!"

"连衣裙,袖子高,被领子挡住了!"

话音未落,三角形身体的尖角上,便有了一个蝴蝶结一样的衣领。

"还不对,爸爸坐在桌子边吃饭,妈妈怎么站在桌子上吃饭?"

"腿长,坐得高!你瞧,脚不是在桌子底下吗?"

"可是,妈妈的桌子下面,怎么也有一条狗呀!家里只有一个铁蛋呢,这只小狗是从哪里来的?"

"它是小美。"

"小美"是我曾经救助过的一条被人遗弃的小狗,"小美"这个名字,就是天天给起的,后来它被送给了我的一位朋友,但天天一直记着它,总想找时间去看它。虽然,它在我家只待了三天。

"但是,小美被送人了呀,不在家里。"

这下,难住了小画家。她想了好一会儿,然后说:"桌子下面有个镜子,妈妈桌子底下的铁蛋,是爸爸桌子底下的铁蛋的影子。"

精彩!我有些佩服小画家的想象力和应对挑战的能力了。

回答完,一道门出现在了餐桌前,门上面还写了一个"门"字。

然而,买家爸爸继续挑剔,并告诉小画家,挣钱可不是容易事。

"爸爸和妈妈是在一张桌子上吃饭,画上的怎么是两张?"

一道线立即将两张桌子连在了一起。

"一起吃饭的这两个人是什么关系?你知道是爸爸、妈妈,可是看画的其他人不知道呀!"

两颗心马上跳上了桌子中间,合在一起,组成了一颗大心。

佩服!孩子用两颗"小心"组成的"大心",完美地表达了爱、婚姻与家庭,而我从来都没有这样向她讲述过,但她自己读过这方面的儿童绘本。这个时候,小画家在充分调动自己的知识与艺术积累。

"我们在什么地方吃饭呢?天这么冷,总不会在外面吃吧?"

"屋里!"

一个漂亮的三角形坡屋顶,寥寥几笔,便出现在了头顶上;随即,两面墙也在桌子两边出现了。

"屋顶上是空的吗?"

"不是,有烟囱!"

一个圆柱形的烟囱,竖立在了屋顶的一角,还飘出了炊烟。

"我们是在吃早饭、午饭,还是晚饭?"

"午饭,不是晚饭!"

一轮笑着的太阳,出现在了画面的一角。屋顶上,又被圈出了三朵形状各不相同的云。

"屋顶上还是有些寂寞,太安静了……"

两只小鸟随即飞到了屋顶上,嘴边飘着唱歌的音符。

"屋子旁边没有草地,家会很孤独的。"

几根小草很快长了出来。

"只有小草也不行,总得有大树吧?没有树的家,会很伤心的。"

"可是,地方不够了……有了,就画两棵小树吧!"

"嗯,小树怎么没叶子?"

"冬天呀,当然没叶子!但,有小鸟站在枝头呢!"

两只小鸟,果然站在了冬天的小树梢头,你呼我应地唱着歌。

"画面全是黑色的,我不喜欢。"

"小意思!"

两分钟后,红太阳,蓝云朵,红屋顶,橙烟囱,红嘴巴的

148

黄小鸟,花格衬衣的爸爸,红心黄裙子的妈妈,暗红耳朵小狗,黄桌子,紫门,绿菜,暗红肉,绿草地,爸爸妈妈的红嘴唇……奇迹般地出现了。

买家爸爸想继续挑剔。

"铁蛋平常都是找爸爸要肉吃,吃不到不答应,今天怎么这么老实,在桌子下面等?这可不像铁蛋的性格。"

刷!刷!两笔之后,指示箭头出场。

刷!刷!刷!刷!刷!刷!随着指示箭头,铁蛋直接蹿上了桌子,朝碗里的肉扑去!

这才是铁蛋!不给吃?哼,等急了,直接蹿上桌子,抢肉吃。

买家爸爸拿起画,左看看,右看看,上看看,下看看,再也找不出可以挑剔的地方了。与此同时,买家爸爸用眼睛的余光注意到,小画家被不断挑战之后,忍受力即将到达心理承受能力的临界点,想象力和创造力也在这件事情上,被开发得足够充分了。

"日期,签名呢?"

"12月十日。天天。"

一边说,一边写下日期,签好名。

"画得很棒,给3块钱!两块钱是买画钱,一块钱是奖励钱!"

"噢噢噢!我挣钱啦!3块钱!"小画家跳了起来,一边跳一边大喊:"妈妈,我的存钱罐呢?我要有自己的存钱罐啦!"

小画作的大竞拍

更大的惊喜,还在后面,而且高潮迭起。前面的故事,都只是铺垫。从教育的秘密,到财富的秘密,正在一点点从画里走出来。

"天天,现在这幅画属于我了,我要拿它去挣大钱!"

"挣大钱?怎么挣?有多大?"

"等着瞧!我开始挣大钱啦!"

我用手机拍下画作,写下了这样一段话,分别发到了我的微信朋友圈和新浪微博、搜狐微博、网易微博、腾讯微博中。

"这幅画,俺花三块钱买滴!描绘了俺喝酒,俺家狗儿等肉,俺家媳妇喝汤,屋顶上两只小鸟唱歌的场面,有出价更高的木有?高过快递费和俺滴本钱,俺就附加签名出手!画家:未来的美女。附加值可能超过北京的一套房产!"

3分钟后,腾讯微博博主吴天亮出价20元,启动竞拍。4分钟后,大律师胡益华则率先在微信朋友圈里出价30元,竞价开始。接着,动物保护志愿者梨花加价20元,画作升至50元。10秒钟后,第六代电影女导演李萍萍再加价50元,画作升至100元。与此同时,腾讯微博里,内蒙古鄂尔多斯罕台新教育实验小学校长干国祥出价20元,新浪微博里也有网友开始询价。

为了加快竞拍速度,让大家在更短时间内玩得开心,我通告大家竞拍时间:20分钟为限,价高者得。

随即,梨花叫板美女导演李萍萍,加价20元,附加条件请李萍萍签名,画作升至120元。胡益华律师大手笔,直接再加80元,画作升至200元。几乎同时,干国祥校长在腾讯微博,网友舒胜登在新浪微博出价200元。著名评论员张春蔚看到之后,马上加价1元,画作提升至201元。舒胜登得知最新价位后,再加价0.66元,并表示自己口袋里就这么多钱了,希望其他竞价各位住手。可是,干国祥马上又加价0.36元,给出202元。

这个时候,竞拍时间恰好到20分钟,于是,我宣布:干国祥成功竞拍到这幅儿童画。刚刚宣布,胡益华律师即表示抗议:"这玩意不公平,你又没有告诉我,还有人出价高于我,怎么就结束了?"

哈哈!说来也是,本来应该通知各位出价者的,正式的拍卖都是叫三次,无人跟拍后,第三次才决定赢家。我于是通知各位,下次还有机会参与,本次到此结束,感谢参加这次开心大拍卖。

"你知道,为什么那么多人要来买这幅画吗?"

"因为我画得好呀!"

"是的,你画得非常棒!非常非常棒!不过,还有一个原因,那就是,爸爸有很多好朋友,他们喜欢爸爸,因此也喜欢你。这些好朋友,都是爸爸的社会资本,爸爸可以用他们创造很多很多财富。所以,你也要有很多好朋友,你的好朋友们,也会成为你的社会资本。反过来呢,爸爸和你,也是朋友们的社会资本,他们也可以通过爸爸和你,创造很多很多财富。记住:好朋友永远是我们的巨大财富。"

"什么是社会资本?"

"现在不用告诉你,等你慢慢长大了,我再告诉你。你现在只需要记住:好朋友永远是自己的巨大财富。"

"好吧!"

"社会资本"这个概念,对孩子来说显然太深了,但是,我依然可以告诉她,让她先形成一个最浅显的认识,埋下小小的种子。

小画家天天和我一起,全程见证了大家竞拍的小紧张和小激烈,高兴得手舞足蹈,不时向妈妈汇报最新的报价,也不时自我夸奖:"看来,我画得不错呀,大家都喜欢我的画!以后,我得好好画!"

我哈哈大笑,精心设计的教育种子,已经扎下根了。

挣来的大钱算谁的

不过,新问题随之而来,我向天天宣布:"爸爸用3块钱,在20分钟内,挣来了202块钱!这里面,藏有创造财富的秘密噢!"

"不,202块钱是我的,因为画是我画的!"

"不对。画是你画的,可是,我花了3块钱,从你手里买过来啦。买过来之后,画就是我的了,我可以收藏,也可以再出售。不过,画的著作权还是你的,但使用权已经归我了。这就是交易规则。"

"这不公平。画是我画的,为什么挣来的大钱,却是你的?"

"哈哈,听爸爸告诉你一个秘密。"

"什么秘密?"

"财富的秘密,快乐的秘密。"我说,"听好喽!实际上,爸爸从出售这幅画中真正挣到的钱,并不是202块。"

"为什么?"

"爸爸先花了3块钱,从你手中买了这幅画,这3块钱是成本,要扣掉,剩199块钱。爸爸要给买到画的人快递这幅画,快递费需要10块钱,也要扣掉,剩189块钱。买画的人要求把画装框,装框费需要30块钱,还要扣掉,剩159块钱。这159块钱,才是爸爸真正挣到的钱。"

我没有告诉孩子更多的,比如,真正的商品交易还需要在交易完成之后,交纳政府的各种税费。毕竟,孩子还太小,我就算讲了,她也未必明白,所以,暂且搁置,等孩子再长大几岁,再慢慢引导。

"159块钱,也是大钱呀!"

"是啊,可是你知道吗,爸爸挣到的这159块钱,并不是爸爸一个人花掉。我们的房子,需要交钱;你吃饭穿衣,上学治病,需要花钱;铁蛋吃的狗粮,也需要花钱;妈妈给咱们做好吃的,也需要用钱……所有这些需要用钱的地方,都会用到这159块钱。还有,挣到的钱也不能全部花光,需要留下一部分存入银行,这叫存款;还需要留下一部分再去挣钱,购买各种保险,这叫理财、投资。将来没有钱的时候,或者需要花更多钱的时候,就可以从存款里取钱,也可以从理财和投资挣的钱里取钱。只有这样,才能保证我们快乐永远。"

女儿听得似懂非懂。不过,种子悄悄埋下,这就足够了。

"你知道吗?因为你画的这幅画,很多人也像爸爸一样挣到了钱,拥有了财富。很多孩子也像你一样,可以吃饭穿衣,上学治病。"

"很多人?他们是谁?怎么挣钱?"

"你画了这幅画,从爸爸这里挣到了3块钱,对吧?你是第一个通过这幅画挣到钱的人。然后,爸爸把这幅画卖掉了,挣到了159块钱。快递员把画送到了买画人的手里,挣到了10块钱;装饰这幅画的人,通过装饰画,挣到了30块钱。爸爸有你这样的孩子,快递员、装饰画的工人,也都有像你一样可爱的、他们自己的孩子,他们的孩子就用这些钱,像你一样吃饭穿衣,上学治病。"

当然,这只是对孩子讲的,快递员实际上挣不到10块钱,装饰工人也挣不到30块钱,里面需要扣除各种费用。如果讲得过细,不但孩子更加听不懂,也会影响教育的效果,所以简略表述。毕竟,六岁半的孩子,还不适宜过于细化地了解复杂的经济和社会问题。

"画画这么厉害呀!"

"是呀,你看,你通过画这幅画,创造了多少财富,又和多少人分享了这些财富呀!你又通过这幅画,创造了多少欢乐,又和多少人分享了这些欢乐呀!所以,劳动是有很高价值的,而富有创造性的劳动,更会有很高很高高得不知道有多高的价值!但是,这样的创造性劳动,往往要付出很多努力,对不对?爸爸让你一次次修改画,你费了好大的劲儿,才画好了这幅画,虽然很累,但是收获也很大,对吧?你付出得越多,收获才会越多。如果你下次更努力,一定会把画卖出更好的价钱,一定还会有更多的人竞拍你的画。"

"嗯,我一定会好好画!来,击掌!"

"击掌!一二三!"

"啪!"小手和大手拍在了一起,脆脆响。这是我和女儿最常用的彼此激励和加油的方式。每一次击掌,我们俩都会相视而笑。

每一个家庭里,都会有类似的故事。每一个故事里,都偷偷躲藏着类似的常识。作为孩子的父母,你感觉到了吗?如果感觉到了,你努力挖掘了吗?如果你挖掘了,你潜移默化引导孩子了吗?如果你引导了孩子,祝贺你,你在孩子的心里,已经悄悄埋下了美好的种子。接下来,请相信岁月,我坚信,如果你坚持这样做,岁月一定会为你带来一个又一个、关于孩子的、关于我们自己的生命奇迹。

冬天里的蜗牛运动会

对所有的儿童来说,游戏都是珍贵的生命营养。正是通过游戏,也只有通过游戏,儿童才能一点点认识和理解世界——自然界和人类世界的秘密。在一个人的童年里,可以缺少新鲜的美食、漂亮的衣服、温暖的床铺,甚至可以缺少最基本的亲情呵护,却不能没有游戏。很难想象,如果没有游戏,一个孩子可以平安走过脆弱的童年。在没有游戏的童年路上,孩子会首先在心灵上夭折。因此,除了是儿童的生命营养,游戏还是儿童的生命密码和成长密码。

和游戏连在一起的,在很多时候自然是玩具。对儿童来说,草丛里的石子和皇冠上的钻石没有什么不同,因为它们都是玩具,都可以拿来做游戏:可以放到贝壳做成的小碗里当面包,也可以塞进白雪堆成的大雪人上作眼睛,还可以躺在花瓣铺成的婴儿床上当宝宝……一旦有了玩具,儿童的生命世界,马上就会变得无比神奇。事实上,沉浸在游戏里的儿童,才是最幸福的幸运儿童,也是成长得最快最优质的儿童。所以,真正的儿童教育家们才会不停地提醒父母:嘘!永远不要打扰一个正在做游戏的孩子,因为孩子正在加速度健康成长。

今天,玩具的种类越来越多,走进儿童玩具城,各种玩具几乎应有尽有,令人眼花缭乱,父母们常常会因此迷失在玩具城里,不知道自己该为孩子做什么样的选择。更令父母们迷失甚至日益痛苦的,还不是儿童玩具城的玩具,而是家里的不是儿童玩具的"玩具":日益"傻瓜"和智能的电脑、手机,包括平板电脑、iPad、iPhone等。特别是年轻的父母,这类电子产品更是家庭必备品,很多早已经成了每天都离不开的"大人玩具"。然而,这些年轻的父母并没有意识到,当自己沉浸在由这些玩具制造的游戏中时,不仅自己不会像游戏中的儿童那样加速度健康成长,反而很可能会"娱乐至死";更为严重的是,稍有不慎,还会给幼年的孩子挖下迷恋电子游戏的童年陷阱:一旦陷入其中,儿童不只是不会在电子游戏中加速度健康成长,还极有可能会在电子游戏中被加速度娱乐催熟——缺乏想象力、创造力、生命力,童年的活力会迅速消失,童年的色彩会迅速黯淡。

成年人需要娱乐,但儿童只需要游戏。这是儿童教育的常识。然而,在今天这个时代里,我们却又绝不可能也完全没有必要将儿童和电子游戏彻底隔离。生活在人为真空里的儿童,就像没有游戏的儿童一样,同样难以平安走过自己的脆弱童年,更不用说走出五彩缤纷的灿烂童年了。于是,一个自然而然的问题,就摆在了父母面前:如何既让儿童和电子游戏保持合适的距离,却又总能沉浸在让自己加速度健康成长的童年游戏里?在给出我自己的答案前,我先讲一个故事。

去年冬天的一个周末午后,透过爬满绿色红薯秧的窗户,灿烂的阳光把我的书房照得格外舒适。泡上一壶暖暖的茶,我坐在洒满阳光的沙发上,打开了一本很久就想阅读的书……读书是美好的,更是让人沉醉的,特别是在冬日的暖阳里读书,更是难得的、美妙的生命时光。在我的身边,五岁多的女儿也安静地坐在阳光里,不过,她不是在读书,而是在玩报社新发给我的平板电脑,这里面有她最喜欢的电子游戏:切水果、植物大战僵尸、钓鱼、消防员灭火、汤姆猫。

半个小时过去了,又半个小时过去了,我沉醉,女儿也沉醉,甚至她比我更沉醉。一个最有力的证明是,她的笑声比我的笑声更响亮!不知道是阳光的暖慢慢弱了,还是我突然心有所想,听着女儿的笑声,瞬间,我感觉到了一丝寒意,这一丝寒意又像闪电一样,毫无预料地迅速击中了我。我猛地放下书,站了起来。女儿不知道发生了什么,抬起头看着我,笑声消失了,我的眼睛里,是她清澈如泉的眼睛。

"走,爸爸带你出去玩!"我对女儿说。

"不,我不去!"女儿意志坚决,"我正玩游戏呢!"

"电子游戏不好玩。"我说,"爸爸和你一起玩更好玩的。"

"什么更好玩的?"女儿问,"比这个还好玩吗?"

"当然!"我语气果断地说,"咱们开一场蜗牛运动会!"

"蜗牛还能开运动会?"女儿又问,"可是,我们没有蜗牛呀!"

"有。蜗牛们正在楼下集合,等着我们呢!"说完,我迈开了步。

"爸爸,等等我。"女儿放下平板电脑,冲出书房,冲进自己的玩具间,在好一会儿翻箱倒柜后,一把哨子挂在了她的脖子上。

"走吧,爸爸!"女儿拉开门,牵上了我的手。与此同时,我家的宠物狗铁蛋,先行一步窜出了房门,连蹦带跳地转着圈儿跑到了楼道里,"汪汪汪"地催着自己的大小主人:"快走啊!"

很快,我们便到了楼下。可是,女儿并没有看到正在集合的蜗牛。在户外寒冷的北风中,她眼神里的失望正在快速结冰。

"爸爸,蜗牛呢?"女儿问。

"吹响你的哨子!"我对女儿激情地说,"蜗牛们听见哨声,就会出来集合了。"

"好嘞!"女儿大声说,随即吹响了脖子上挂着的哨子。

当然,蜗牛们并不会在听到哨声后,马上跑出来集合。冬天的蜗牛不会,夏天的蜗牛也不会。事实上,世界上没有一只蜗牛会。不过,这没关系,因为十多分钟后,我和女儿的手中,就已经有了七八只蜗牛。从墙缝里面、草叶下面、砖块底下、枯树枝头,我们把蜗牛一只只找出来,放在我们的手心里集合。看着我和自己手心里的蜗牛,女儿的眼里满满的全是激动。

"走,回家开运动会去!"我说,同时吹响口哨,唤回了铁蛋。

可女儿并没动,她突然问:"爸爸,这些蜗牛都是壳吧?"

"这个呀,我可不能告诉你。"我对女儿神秘一笑,说:"这是一个秘密。一会儿,你可以自己发现这个秘密噢。"

"秘密"两个字,一下子激起了女儿的兴趣,她的眼神一瞬间变得特别亮,随即跑到了我的前面,和铁蛋一路赛着跑,冲进楼道。

我们又回到了书房,阳光还是一样的灿烂,一样的暖。我去卫生间端来一盆温水,让女儿将所有的蜗牛都放在了水里,然后对她说:"先给蜗牛们热热身!你可得认真观察噢,一会儿,蜗牛们就会悄悄告诉你一个大大的秘密!"说完,留下女儿蹲在盆边守着蜗牛,我又去找来一个花盆,并从别的花盆里"借"来一堆石头,布置运动场。

"这就是运动场。"我指着花盆里的石头堆,对女儿微笑着说,"很快,蜗牛们就要在这里开运动会。到时候,你可要当好裁判呀!"

半个小时过去了,女儿守在盆边,一动未动。我坐在阳光里的沙发上,一边继续读书,一边悄悄观察着女儿的神情。

"爸爸!爸爸!"突然,女儿激动地叫起来,"快看!快看!"

"怎么啦?"我故作惊讶地问。

"蜗牛活了!活了!"女儿继续大叫,神情惊异,双眼放光。

"哈哈,你发现了蜗牛们的秘密!"我伸出手去,一边和女儿击掌庆祝,一边继续对她说,"蜗牛们很坚强,它们不怕寒冷,不怕寂寞,就算是在冬天,它们一样会守在自己的家里,等着春天的到来。"

水盆里,一只又一只蜗牛,从硬硬的、仿佛石化的壳里,缓缓伸出探索世界的生命触角。冬天里的蜗牛们的生命秘密,像一朵朵妙不可言的鲜花,在幼小的女儿眼前次第开放,那么温暖,那么轻柔,那么安静,那么神奇……不必再告诉她更多的知识和道理,当生命的秘密,以这样的奇妙方式呈现时,我相信,在她的心灵深处,一个个硬硬的蜗牛壳"复活"成一个个缓缓而行的蜗牛的过程,将会变成一声声生命的惊雷,而且这声声的惊雷,必定永远回荡,大音不绝。

当所有蜗牛都伸出了触角,我和女儿又将它们从水里捞出来,放在了花盆里的石头堆——也就是我布置的运动场上,正式开始蜗牛运动会。运动会的开场哨声是由女儿吹响的,裁判也由她担任,而我则成了整场运动会的摄影师。在运动场上,蜗牛们"八仙过海,各显神通":有的爬山,有的攀岩,有的短跑,有的俯卧撑,有的仰卧起坐……身为裁判的女儿,始终屏声静气地观察着、观察着……半个小时过去了,又半个小时过去了,书桌上的平板电脑孤独了几个小时,再也没引起女儿的注意,她早已彻底忘记了电子游戏。

现在,再回到前面的问题,我的答案是什么?其实,答案很简单,那就是:如果想让儿童和一种游戏保持合适的距离,那就另外送给儿童一种比这种游戏更有吸引力的游戏。电子游戏,无论它以什么样的电子产品为载体,无论它以多么精彩的声光电形式呈现,和大自然中各种各样的生命秘密相比,电子游戏的魅力都是苍白无力的。最美好的、最健康的、最富有魅力的游戏,无论是儿童游戏还是大人游戏,永远都不会在电子产品中,而只会在神奇的大自然里。

所以,引导儿童以游戏的方式,走进大自然,走进丰富多彩的生命,不只是会让儿童沉浸进自然健康的童年游戏,更会让儿童在游戏的全过程里,都能感受到或隐或现的、源于自然界生命又超越于自然界生命的、只属于儿童自己的生命惊雷。这种生命的惊雷,是昂扬的自信之声,激励着儿童不断克服旧世界的羁绊,创造一个又一个全新的世界;是澎湃的创造之声,指引着儿童不断探索新世界的一个又一个未知的秘密。这是童年游戏的秘密,也是人类成长的秘密。

展开天使的翅膀,我们一起去飞翔

每个孩子都是天使,都拥有一双与生俱来的翅膀。借着这一双双翅膀,一个又一个孩子从天堂飞到人间,飞到一个又一个屋檐下,再从被我们称为"家"的地方重新起飞,开始自己的人间旅程。

然而,这是一双双隐形的翅膀。也正因为隐形,很多很多人不知道它们的存在,更不知道在自己的背上,其实也有一双双隐形的翅膀,借助它们,作为父母的成年人,可以和孩子一起去飞翔,也应该和孩子一起去飞翔。别忘了,所有的成年人,也都曾经是孩子,是飞到人间的天使。天使的翅膀,从来没有随着岁月的流逝,一天天离我们远去,它一直耐心地等待着我们发现它的存在,展开它,去飞翔。

所以,作为父母,也作为曾经的孩子,我们最大的使命,就是通过品读一个个日常生活的细节,发现自己和孩子背上的天使翅膀,小心翼翼地呵护它,自由自在地展开它,向着天空之上高远的故乡,和我们的孩子一起,快乐地飞翔。

这才是真的教育,也才是真的人生。

那么,该如何通过日常生活的细节,发现隐形的天使翅膀,展开它,和孩子一起去飞翔呢?我就讲一讲女儿的故事吧。

对喜欢唱歌的人来说,《快乐崇拜》是一首好听的歌的名字;对作为父亲和教育研究者的我来说,"快乐崇拜"则是我一直倡导和坚守的教育理念。我深知,无论是对自己还是对孩子,"快乐"都是天使翅膀的筋骨,只有借助"快乐"的支撑,翅膀才会真正有力。所谓"寓教于乐","乐"是第一位的,"教"是第二位的,不可颠倒。

不过,对我四岁半的女儿来说,《快乐崇拜》没这么复杂,它只是一首好听的歌,一支好看的舞,一个好玩的表演机会。

女儿正上幼儿园中班,老师鲍晶晶用《快乐崇拜》这首歌编了一支舞,教班里的孩子们跳。女儿学得很快,也学得很好,经常在我回家时,快乐地跳给我看。哪怕再累,即便十分疲惫,我也要认认真真地欣赏她的表演,认认真真地送上掌声,认认真真地和她击掌叫好。对孩子来说,父母认真的态度,是对她最好的鼓励,最好的赞美。

然而,在班上,女儿却因为学得快,悄悄骄傲起来,老师教小朋友跳舞时,她不再认真学,开始找各种理由"逃学"。说是"逃学",并不是不到幼儿园去,而是别的小朋友认真学时,她在班里借喝水、去厕所、整理衣服等理由,回避继续练习。

骄傲的结果是,老师选拔参加中国教育电视台少儿春晚的舞蹈队人选时,她落选了;而落选的结果是,当舞蹈队的十几位小朋友排练时,她只能和其他小朋友一起玩另外的游戏,或者上另外的课。对女儿来说,这应该是一个不算小的打击,她小小的自尊心受到了挑战。

怎么办?令老师也没想到的是,这个只有四岁半的小姑娘,开始暗自动起了心眼儿。当舞蹈队的小朋友开始排练时,她用不被任何人察觉的眼神,悄悄观察舞蹈队的动作,暗暗记在了心里,一回到家,就马上对着穿衣镜极其认真地练习。我和她妈妈心里都明白,小小的她,正通过这种努力,为自己创造新的机会,并且有信心抓住它。

舞蹈队的彩排开始了,不知为什么,任凭老师怎么说,队里的一个小男孩就是不想跳。没办法,老师只好"缺位"彩排。

可是,当音乐响起,舞蹈队的小朋友们快乐起舞时,女儿未经老师允许,自己站在舞蹈队的边上,和他们一起跳起舞来,而且跳得非常认真,舞得很是到位。于是,奇迹果然如女儿所愿地发生了:为了补缺,老师将女儿选入舞蹈队,代替那个就是不再想跳的小男孩,女扮男妆成了舞蹈里的"小王子",而且是独一无二女妆"小王子"。

就这样,在这支小小的舞蹈队里,其他女孩都是"小公主",只有女儿是"小王子"。接下来,当女儿穿上妈妈第二天特意为她买的"小王子"服装,跳起《快乐崇拜》时,还别说,真是帅帅地有"小王子"范儿。再后来,当女儿和她的小伙伴们,出现在中国教育电视台少儿春晚的初选舞台上时,她的妆扮马上引起了评委的注意。

只是,当评委问她,为什么别的小姑娘都是"小公主",只有她是"小王子"时,她因为不知道评委所说的"31号小选手"就是自己,而守住了自己的小秘密。不过,我想,即便评委直接点了她的名字,以她的小脑袋瓜和小心思,她也不会直接回答评委的问题,而很可能会说:"因为我帅呀!"

事实上,自从她成了"小王子","帅"就成了她的口头禅。

在她的眼里,除了自己帅,就是爸爸帅,家里的狗狗铁蛋帅。有一次,我到幼儿园接她,她就当着小朋友们的面说:"这是我爸爸。看,我爸爸帅吧?真帅!"夸完爸爸还不算,又马上拿起自己在幼儿园喝水的杯子,给我接了半杯水,穿过大半个教室递给我,说:"爸爸,我请你用我幼儿园的杯子喝水!我们幼儿园的水可甜啦!"说实在的,那一刻,我幸福得差点儿晕过去。

当然,家里来了小朋友,她也会指着铁蛋对小客人说:"这是我家的铁蛋,看,铁蛋帅吧?真帅!"由于家里来小朋友的机会特别多,特别是周末,有时一天会被邀请来三拨小朋友,铁蛋被夸帅的次数就特别多,经常多过了夸爸爸帅。至于爸爸作为人的帅,和铁蛋作为狗的帅,有什么一样和不一样的地方,她就不管了,反正,在她的眼里,只要是她喜欢的,她就用"帅"字形容。但是,又特别有趣的是,她却从来不对妈妈用"帅"这个形容词,而只说"好看"。

在这个故事中,在舞蹈队的事情上,女儿显然遭遇了挫折,但她却能通过自己的办法,去正视这个对她来说并不算小的挫折,并且巧妙地化挫折为动力,在本来已经没有机会的情况下,自己主动创造机会,适时展现自己,反败为胜,最终赢得了机会。

如果说,女儿悄悄观察、暗暗学习、偷偷练习,是在为自己创造机会的话,那么,她又怎么能知道,创造出来的机会,就一定是机会,而且就一定会被自己抓住呢?如果那个小男孩不是突然就不想跳了,即便女儿付出了努力,也不可能代替他,成为唯一的女妆"小王子"呀!如果老师另外选了别的小朋友作替补,女儿也还是无法实现自己的愿望,让自己创造出来的机会,成为真正属于自己的机会。

女儿最终的"如愿以偿",显然不能用"巧合",而且是环环相扣的"巧合"来解释。实际上,这也的确不是"巧合",而是我和她妈妈一直坚持的"快乐崇拜"教育理念,在悄悄地起着微妙的作用。在日常生活中,我们会告诉并且引导孩子,遇到了困难,要首先学会观察困难形成的原因,然后自己主动想办法解决,而且是快乐地解决,"让小脑瓜转一转,再转一转,马上就会有好主意来敲门"。

于是,"我有了一个好主意"、"我又有了一个好主意"之类的话,成了挂在女儿嘴边上的话。而每当"好主意"真的收到了好效果,我都会和女儿击掌相贺,以资鼓励。而鼓励的结果是,"好主意"一个接一个,在"好主意"面前,一个又一个大大小小的困难,纷纷逃离。

女儿直面困难的"好主意"心态和做法,也正是我和她妈妈日常的待人处事之道:开放自己的心窗,让阳光照进来。

我们坚信,一旦心窗打开,阳光照进来,还有什么冰不能被春天融化,还有什么种子不能在春天发芽?对我们夫妻和女儿来说,"开放心窗"、"快乐崇拜",就是我们隐形的天使翅膀,展开它,我们经常一起飞翔,飞过绝望,飞来希望,最终看到所有的梦想都开花。

感知生命,才懂得敬畏生命
——从小鸟的放飞与小鸡的死亡说起

春末夏初,满目新绿,鸟语花香,勃勃的生机无处不在。这是生命中最美的季节。对儿童来说,尤其是对幼儿来说,这也是认识生命的最佳季节。

认识生命,该从哪里开始?从我的观察和研究看,也许可以从一棵新芽、一朵新花、一条小虫、一只小鸡、一只小兔子、一只蚂蚁等小型或微型生命体开始,既让孩子直观感受植物的生命,也让孩子直观感受昆虫、动物的生命。这种真切的直观感受——喜怒哀乐,就是幼儿认识生命和整个生命世界的开始。

春末的一天,在小区附近的早市上,妻子给22个月大的女儿天天,买了一只小鸟。提着小小的鸟笼,女儿的脸上开了花,刚一进门,她就"爸爸、鸟鸟,爸爸、鸟鸟"地大声叫,让我马上去看她的小鸟。这是一只灰色、长尾巴的小鸟,虽不知它是什么鸟,但叫声却十分悦耳动听。听妻子讲完买鸟的经过,我判断,这应该是一只被卖鸟人捕来的野鸟,它在鸟笼里的惊恐不已,就是证明。

整整一天,女儿的兴奋都被小鸟点燃着:吃饭时,她要和小鸟一起吃,小鸟先吃她后吃;外出时,她要提着小鸟一起玩儿,别的小朋友只能看不能摸,就算看也只能远看,不能近看;睡觉时,她要和小鸟一起睡,好说歹说,才勉强同意把鸟笼放在床脚妈妈的梳妆台上。刚睡醒,马上就"鸟鸟、鸟鸟"地到处找。

我观察着女儿,深知她的这种兴奋,源于对新鲜事物的天然热爱,而重要的是,这个新鲜事物名叫生命——一只小野鸟的鲜活的生命。在我的家里,鸟儿其实不少,有毛绒的、木头的、陶瓷的、塑料的,当然也有画上的,动画片里鸟儿更是常见。然而,只有对这只有着鲜活生命的小野鸟,女儿的兴奋才被持续点燃。小鸟在她耳边鸣叫,她也不时抚摸小鸟的羽毛,还抓了小米、饼干喂它。

显然,对真实的生命体与虚幻的生命体,幼儿完全分辨得出,并且十分热情地享受真实生命带给自己的巨大乐趣。这种乐趣,是任何玩具都无法激发的。

然而,在第二天的傍晚,我们还是提着鸟笼,来到小区楼下,准备放生这只小野鸟。正式放生前,我和妻子分别给女儿讲了许多道理,告诉她鸟儿属于自由的天空,大树才是它真正的家,鸟妈妈还在等着小鸟回家等。最后,当女儿似懂非懂地点头同意,并明确发出"呀"——这是她表示同意的用词——的指示后,我打开了鸟笼……一眨眼间,小野鸟钻出鸟笼,飞上了旁边的一棵小树。

不知道是因为天黑了,还是有一种奇妙的缘分在,这只小野鸟在枝叶繁茂的小树上,停留了七八分钟,以至于我有机会抱着女儿,让她近距离细细欣赏小野鸟在枝叶间蹦蹦跳跳的自由美、自然美。与此同时,我悄声告诉她:"瞧,小鸟多快乐!小树喜欢小鸟,小鸟也喜欢小树!"当小鸟真的发出重获自由的快乐鸣叫时,我又悄声对女儿说:"听,小鸟在感谢你!它在说,谢谢你,天天!"

小野鸟最终还是飞走了,飞向茫茫夜色。当再也看不到"鸟鸟"时,天天委屈地哭了,她指着空空的鸟笼,一个劲儿地说:"鸟鸟,鸟鸟……"毕竟,她才刚刚22个月!我和妻子跟她讲的大道理,对她来说,大得一时无法理解。

"鸟鸟找妈妈去了。"妻子安慰女儿说,"明天再给你买一只更好看的。"

"呀!"终于,女儿郑重地点了点头,提着空鸟笼,一路难过着回家了。

妻子没骗女儿。第三天早晨,她果然买了一只更好看的"鸟鸟"——一只鹅黄色、毛茸茸、两条小短腿、一个小黄嘴、叽叽叽叫个不停的小鸡!小鸡的到来,又一次让女儿兴奋起来,发生在小鸟身上的故事,自然地在小鸡身上重演。

当然,女儿知道这是"鸡",不是"鸟鸟"。不过,这丝毫不影响她的快乐,和她从真实生命体上感受到的兴奋。小米、饼干,还有水……女儿享受地喂着小鸡。

当天下午,围绕着这只小鸡,发生了一个有趣的故事。邻居家和女儿年龄相仿的小男孩洋洋,到我家里玩儿,很自然地,他也被小鸡刺激得兴奋起来。一开始,他和天天一起玩小鸡,摸摸它,喂喂食,两个人玩得很开心。可是,在他要回家时,却非要把小鸡连同装它的纸箱一起抱走。天天当然不干了!于是,两个人争夺起纸箱来,争来夺去,尽管天天败下阵来,可两个小家伙却都哭了。

小鸡身上那种温温的、暖暖的、绒绒的手感,哪个孩子不喜欢?轻轻抚摸着它,该是多么巨大的精神享受啊!实际上,也正是通过这种细微的、温暖的手感,孩子真切感受着真实生命体的温度。生命,就这样被细微的温度表达着、象征着,它因温度而存在,因温度而鲜活,轻轻触动着孩子敏感的神经,悄悄开启着孩子认识生命的大门。世界上有什么人造玩具,包括似乎无所不能的电子游戏,能拥有这种令人心柔润微暖的温度?

然而,到了第四天傍晚,也就是小鸡被买来的第二天傍晚,事情开始发生变化。尽管小鸡被我和妻子精心饲养着,但是,就在这天傍晚,我还是发现了小鸡的无精打采,它不再在纸箱里不停地走来走去,甚至不时跳起来,想逃到纸箱的外面,而是卧在纸箱的一角,闭着眼睛,一直睡觉。次日上午,我趁着到户外锻炼,把小鸡拿到阳光下的草地上晒暖,本想着它会精神一些,毕竟草地是它的最爱,可它却依然闭着眼睛,睡觉、睡觉……女儿也观察到了这一切,我注意到,她的眼睛里出现了从来没有过的奇妙忧虑。我知道,她是在为小鸡担忧。

当天深夜,女儿早已经睡熟,我在读完半本书之后,起身到阳台上,查看小鸡的动静。小鸡躺在纸箱的一角,一动不动。我用手碰碰它,它还是一动不动。我轻轻拿起它,它依然一动不动。我感觉到,它的身体凉凉的、硬硬的。温度,在这只小鸡的身上消失了;柔软,在这只小鸡的身上消失了。我知道,生命——这个如此神秘,又如此珍贵的东西,从此再也不属于这只小鸡。它死了,死在这个小小的纸箱里,它来到我家,仅仅只有三天。我的心被微微刺痛了。

天亮了。女儿醒来,要找小鸡。可她看到的,却是已经死亡了的小鸡,它再也不会叽叽叫,再也没有温度,再也不会跑,再也不能蹦跳。"鸡!鸡!鸡!"女儿向妈妈急急地喊。就在这时,突然发生了令女儿惊恐的一幕:我家养了五年的宠物狗铁蛋,不知出于什么心理,竟从纸箱里叼起了已经死去多时的小鸡!

"鸡!鸡!鸡!"女儿更加着急地喊。

我从床上跳起,大声呵斥铁蛋,铁蛋丢下小鸡,钻进了床下。我拿着身上沾满铁蛋口水的小鸡,放到了一个塑料袋里,告诉女儿:"小鸡死了。"

妻子安慰着女儿:"明天,妈妈再给你买一只。"我看着女儿,她的眼睛里,突然有一种非常特别的东西。是的,非常特别,前所未有。小鸡死了,她有些神伤,然而,也只是有些神伤而已,随着妈妈的安慰,她很快又恢复了平静,拉着妈妈的手,出门遛弯去了。但是,我非常清楚,从此以后,小小的她将会由此出发,慢慢地一点点地认识什么叫生命、又什么叫死亡。

这是她人生必经的一堂大课,尽管铁蛋叼小鸡的那一幕,还多少有一点儿残忍。两天之后,我和妻子陪着女儿,又给她买了一只小白兔。养兔子我有经验,小时候曾养过几十只。其实,也正是有养兔子的经验,我才做出了这个决定。

从放飞小野鸟,到小鸡的死亡,再到小白兔的到来,我之所以要这样做,一个极其重要的原因是,我需要通过让女儿近距离观察小动物,慢慢地认识生命、感悟生命,进而热爱生命、珍视生命、敬畏生命。尽管,在小鸡之死中,幼小的女儿直观地感受到了死的冰凉与灰色,这也使她承受了一定的痛苦和焦虑,但这就是现实,不但无可回避,也不能回避,而且需要适可而止的勇敢直面。为了避免死亡的冰凉与灰色,也许,我们可以用虚幻的生命体做标本,向孩子讲述抽象理论的生与死,但是,虚幻终究是虚幻,如果孩子的手掌感觉不到真实生命体的温热,那么,无论我们讲的多么生动形象,他们将依然不会认识真正的生与死。

古人说得好:"未知生,焉知死。"对现在的孩子,特别是城市的孩子而言,他们所缺少的,正是对生命本身的深刻认识,以及对死亡本身的深刻感知。非认识,不敬畏,更不用说热爱。换句话说,就是"无知者无畏"。也就是说,如果孩子不认识、不了解、不理解生命本身的意义与价值,那么,所谓通过追求人生理想的实现,从而提升生命的品质,也就失去了最重要的载体和前提,进而,在压力与挫折面前,他们就不会、也难以和不愿意承受生命之重,因为他们"不怕死"。

然而,孩子们这种无知者无畏的"不怕死",却是一件最可怕的事情。近年来,青少年自杀问题日益严重,正在演变成一个沉重的教育问题。2009年5月4日,重庆市巫山县巫峡小学六年级2班的4位小学生集体服毒自杀,幸好有关方面抢救及时,他们才基本脱险。媒体报道称,起因是一个孩子由于家庭原因心情不好想自杀,于是,他的三个要好的朋友就决定和他一起服毒。从我掌握的材料看,这类集体自杀现象,即便只是从新闻报道上看,其发生的频率也非常高。

为什么?追根溯源,就在于父母和教师在教育孩子的过程中,共同忽视了一个最关键、最根本、最本质的问题,那就是：教育，首先是生命的教育，是为生命更顽强、更韧性、更美丽的教育。热爱生命的教育，才是教育的核心。由此，我们就需要深刻反思：当下的中国教育，是不是离生命远了，而且是越来越远，甚至正在演变成非生命化、非人性化？而且，这种演变甚至从幼儿园就开始了！

感知生命，才懂得敬畏生命。要校正这一极为偏颇的教育方向，最简单也是最常识的，就是既让孩子认识什么叫生，以及自由的生、幸福的生，又让孩子认识什么叫死，以及无意义的死、无价值的死。

只有对生的认识足够全面、深刻，孩子才能直面压力，笑对挫折，并且在此过程中，真正理解生命的意义与价值。所谓"十年树木，百年树人"，就教育来说，它从来都是一个长跑的过程，而不是一个短跑的过程，笑到最后的人，才笑得最幸福、最灿烂、最美丽。显然，这也同样需要"从娃娃抓起"。

最后，需要特别强调的一点是：我们绝不能仅仅为了让孩子学习认识生命与死亡，而故意虐待小动物、践踏小花小草、伤害小虫小鱼，而一定要精心照料它们。死亡有时虽不可避免，对小鸡这样的弱小动物来说，更是经常性发生，即便是鸡妈妈的亲自照料，死亡率也极高，但我们能尽的力，还是一定要尽到底。

否则，这种教育方式，就很可能会走向敬畏生命的反面,那就是以对弱者施暴为乐。而无论这种施暴是表现在现实中,还是表现在虚幻的电子游戏中,一旦形成习惯,则必将酿成难以挽回的重大恶果。这方面的犯罪个案早已不胜枚举。

教育的奇迹是这样发生的

有一天,大树天天生病了,它咳嗽、流鼻涕、打喷嚏,睡觉还打呼噜。清早起来,大树爸爸、大树妈妈领着大树,到友谊医院看病。医生问大树:"大树,你怎么啦?"大树说:"我生病了。我咳嗽、流鼻涕、打喷嚏,睡觉还打呼噜。"

医生说:"好孩子!来,让阿姨看看,张开嘴,啊……"大树天天张开了嘴,喊"啊……""再听一听吧!"医生拿起听诊器,听听前面,听听后面,然后说:"大树啊,你生病了。来,先扎一针。噗!大树,你没哭,真棒!"

针扎完了,大树没有哭。大树好棒呀!医生又对大树说:"大树天天,你回家后,要听爸爸、妈妈的话,乖乖喝口服液呀!喝了口服液,你的病慢慢就好了,就不用扎针了;还要多喝水,好好吃饭,每顿饭都吃得饱饱的,知道吗?"

"嗯,知道了。"大树用力点点头,对医生说:"谢谢你!再见!"

这个故事,不是从书上读来的,是我结合女儿的生病经历,特意创作的。

现在,它成了女儿特别爱听的故事之一,每隔一两天,她就要躺在被窝里,让我讲给她听。讲的时候,我还要模仿医生,给她看看喉咙,听听前胸,听听后背。她呢,每次都兴致勃勃地张开嘴喊"啊",乐呵呵地掀开衣服……

更重要的是,自这个故事诞生后,奇迹就发生了:女儿再也不怕去医院,再也不怕看医生,再也不怕扎针,再也不怕吃药。这对我和妻子来说,是一件再好不过的事,因为它让我们基本摆脱了给女儿看病、打针、喂药的大烦恼。

生活中,无论父母多么精心地呵护孩子,孩子总会有生病的那一天,世界上恐怕还没有一个从来也没有生过病的人。生病,本来就是生命的一部分,也是生活的一部分。也正是因为偶尔生病,才让人逐渐体会到了健康的重要性。

不过,一旦孩子生病,哪怕只是普通的感冒,父母的神经也马上就会紧张起来。轻轻的一声咳嗽,立即就能将父母的心,一下子提到嗓子眼儿,而且很长时间都不会归位,就那么一直吊着、悬着,吊得人心慌,悬得人心乱。

2009年12月初,我刚和东方出版社签署图书出版合同,应邀写作《陪孩子看电影吧》一书,女儿就病了。一开始,是轻微的咳嗽,接着就是流鼻涕、打喷嚏,再接着睡觉时打呼噜,并且越打越响,响得让我和妻子心惊肉跳——有时,女儿会在睡梦中,被自己的呼噜声吵醒,或是因呼吸不畅被憋醒。

病来如山倒。没过两天,女儿半夜突然发起烧来,小身子滚烫。拿体温计一量,39℃!我跳起来,冲进客厅,扑向常备药箱,找小儿退烧药。药拿来了,但是,无论我和妻子怎么努力,女儿愣是一点儿也不吃!气急之下,我朝她大喊:"不行,必须吃!"说完,强行将退烧药灌进了她的嘴里。

这激起了她更大的反抗。不过很快,女儿又慢慢睡去,烧也慢慢退去。然而,我却因自己的粗暴和野蛮,付出了严重代价——彻底得罪了她。接下来的一段日子里,她常常朝我大喊:"不要爸爸!不要爸爸!爸爸走,爸爸走!"

女儿的做法,后来也让我反思自己,无论在任何时候,都不能粗暴和野蛮。因为对儿童来说,粗暴和野蛮不但解决不了任何问题,而且容易伤害儿童,使儿童更加抗拒不情愿做却又不得不做的事情。要让儿童做事,特别是做看医生、服药、扎针之类和痛苦相关的事情,就必须尊重儿童的心理,因势利导。

女儿这一病,居然病了一个多月。在此期间,我和妻子抱着女儿,几乎每天都要去一次医院,有时还要去两次。女儿经历了很多自她出生以来,从未经历过的事情,如吃苦涩的中药、喷刺激鼻腔的药水、喝水融性的西药,还有插管检查鼻腔,以及我曾坚持不打,但最终还是在病情面前屈服,不得不打的吊瓶。

而为了确保不被误诊,北京仅有的几家著名儿童医院、儿童门诊,我和妻子都跑了个遍;这几家医院的所有专家级医生,也几乎都给女儿诊断过。每一次诊断,女儿都极其不配合,不但她自身常常哭出一身汗,我和妻子也常常被她哭出一身汗,而最终的诊断结果是,女儿所患的只是上呼吸道感染!

上呼吸道感染只是普通感冒的一种,照理说,我和妻子不该如此大惊小怪,非得"货比三家",而且不但比医院,还比同一个医院的医生。这几家医院,是全北京最好的儿童医院或儿童门诊。全北京最好的,实际上可能也是全中国最好的。如果它们都不可信,那就谁也别信了。我们这样做,是不是紧张过度了?

我和妻子也的确怀疑过自己。然而,事实证明,我们这样做是明智的,第一家医院的确误诊了!医生只听了一句"晚上睡觉打呼噜",就迅速开出了诊断结果:鼻炎。多亏没信这家医院,否则,女儿的病真就被大大耽误了。后来,在和海南的一位作家朋友通电话,聊起女儿的病情时,他说自己给儿子看病,也至少是"货比三家":"没办法呀,现在的很多医生,不把孩子当回事儿。"

病去如抽丝。除了每天去医院打吊瓶,一打就是整整一个星期,回家后还要吃好几种药。尽管,儿童药并不十分难吃,但女儿还是拒绝吃。事实上,每次打吊瓶,都要两个护士按着女儿,才能扎成针。由于剧烈挣扎,她脸上的毛细血管都破裂了,起了很多小红疙瘩,又找了几位皮肤病专家诊治,才算慢慢治好。

扎针难,吃药也难。每次喂女儿吃药,都像打仗一样,累出我和妻子各一身汗,喂药的过程经常长达一两个小时。在这一两个小时里,女儿的心情,自然十分恶劣,哭泣是免不了的,刚刚好一些的小疙瘩,也因此而一再反复。

这样下去可不行。于是,我想:有没有更好的办法,让女儿不怕医院,不怕医生,不怕扎针,不怕吃药呢?因为现在的做法,既不利于有效治病,也不利于女儿的心理健康,甚至还会因此生出别的疾病,如毛细血管破裂严重等。

思来想去,我决定试用一边绘声绘色讲故事,一边生动活泼做游戏的形式,潜移默化地影响她、引导她;并且,故事的主体内容,一定是女儿自己的生活经历与生命体验,而讲故事的形式也一定是参与式、互动式、游戏式。

我知道,只有这样,才能让她对生活中的事情,感觉既熟悉又陌生,既离自己很近又似乎离自己很远——只是一个故事罢了,只是一个游戏罢了。这就有了《大树生病了》

的故事。显然,这个故事中的大树,并不真的就是一棵大树,而其实是听故事的女儿。所以,我在讲故事时,给大树起了个名字:天天。"天天"是我女儿的乳名。这样,我讲大树天天的故事,女儿天天自然听得津津有味。

教育奇迹,就这样慢慢发生了,其效果之好,超出我的预想。之所以会如此,只因做到了"以儿童为本":从儿童的心理特点出发,真正尊重儿童的心理感受。当然,这本就是教育的常识,但也是教育的捷径。此后,创作这类故事,并利用它们教育和引导女儿,就成了我常做的家庭教育功课。我相信,随着女儿的成长,必定会有更多奇迹之花,一朵朵次第开放,使她的人生像春天一样美。

今天该怎样做父亲

2010年3月13日,作为父亲,我第一次以家长的身份,参加女儿的家长会。女儿刚上幼儿园,这也是她的第一次家长会,意义自然重大。所以,虽然当天凌晨4点多才睡下,但我还是在早晨9点之前,提前10分钟来到了幼儿园。

9点整,家长会准时召开,女儿所在南洋之星幼儿园豆二班的王巍巍老师、鲍晶晶老师,还有生活老师全部到齐。会议由班主任王巍巍老师主持。

出于教育研究和新闻评论的职业敏感,我数了一下到会的家长总数,发现全班28个孩子的家长,有10个缺席、1个迟到,在场的19位家长(其中一个孩子的妈妈、奶奶都来了)中,比例分别是:7位妈妈、8位奶奶或外婆、3位父亲、1位爷爷或外公。也就是说,有21位妈妈、25位爸爸,没来参加孩子的这个第一次家长会。而3月13日这一天,并非工作日,而是周六。

那么,这些爸爸、妈妈们都做什么去了?在去幼儿园的路上,我问一个孩子的外婆:"孩子的爸爸、妈妈呢?"这位外婆说:"他们在睡懒觉。"在回家的路上,我又问另一个孩子的奶奶:"孩子的爸爸、妈妈呢?"这位奶奶说:"他们去学习了。"我没再问更多的爷爷奶奶、外公外婆,因为我知道,只要是不来参加这次家长会的,每一个爸爸、妈妈都会有自以为是的充足理由。

然而,我要说,无论他们的理由多么充足,缺席孩子的第一次家长会,都是不应该的,因此需要反省自己:我真的爱孩子吗?如果真的爱孩子,我为什么要缺席家长会?周末时间,我还会有什么事情,能比家长会更重要?何况,这是孩子的第一次家长会,无论对孩子还是对自己,都有重要的教育价值和人生意义。

望着教室里包括我自己在内的3位孤零零的爸爸,鲁迅先生在91年前发表的文章《我们现在怎样做父亲》,一下子就以提问的方式,跳到我面前,望着我。我问自己,也问和女儿同班的那27位爸爸:今天,我们该怎样做父亲?这个问题,当然也同样提给全中国所有学龄儿童的爸爸们。所以,它不是一个私人问题,而完全是一个公共问题,事关所有中国学龄儿童的幸福与未来。

先来看91年前,在《我们现在怎样做父亲》里,鲁迅给出了什么答案:

此后觉醒的人,应该先洗净了东方古传的谬误思想,对于子女,义务思想须加多,而权利思想却大可切实核减,以准备改作幼者本位的道德。

　　觉醒的父母,完全应该是义务的,利他的,牺牲的,很不易做;而在中国尤不易做。中国觉醒的人,为想随顺长者解放幼者,便须一面清结旧账,一面开辟新路。就是开首所说的"自己背着因袭的重担,肩住了黑暗的闸门,放他们到宽阔光明的地方去;此后幸福的度日,合理的做人。"这是一件极伟大的要紧的事,也是一件极困苦艰难的事。

1919年《新青年》6卷6号

　　写这篇文章时,鲁迅还没做父亲。10年后的1929年,他唯一的儿子周海婴才出生。但这并不影响他的思想价值。事实上,无论是时代风云激荡的1919年,还是社会急剧转型的2010年,"幼者本位"都必须是我们始终坚守的方向,也可以说是唯一的价值选择。"幼者本位"的今日之表达方式,就是"儿童本位",或者更通俗一些说,就是"以儿童为中心",一切为了儿童,为了儿童的一切。

　　1919年,以"五四运动"为代表的新文化运动,才刚刚走上中国历史的舞台,新旧思想之矛盾冲突,可谓异常激烈。在这个历史背景下,很多人不懂得该如何做"幼者本位"的"新式父亲",是完全正常的。鲁迅的这篇文章以及蕴含其中的"幼者本位"理念,因此都是出于对时人的新文化、新思想、新价值观的启蒙。事实上,那正是一个启蒙的时代,鲁迅只是启蒙思想家之一。

然而,91年后的今天,我们已经完全进入全球化时代。尽管对中国社会而言,现代文明的启蒙还是"路曼曼其修远兮",但"幼者本位"也即"以儿童为中心"的理念,却绝不应依然停留在启蒙阶段,而需要成为整个社会必须时刻践行的常识。所谓"整个社会",自然包括了每一个人,特别是为人父母者。

我们常说,不要让孩子输在起跑线上。虽然这种说法比较片面,过多强调了竞争,忽略了沟通、合作、共赢等更为普世和现代的价值,但也有其一定的合理性,起点毕竟是重要的开始。所以,对"起跑线"的正确认识,应该是既不能绝对化,更不能神秘化,而需要理性面对,科学处置,其前提是尊重儿童。

这样,对父母来说,当孩子站在起跑线上,怀着忐忑之心开始起跑时,就应该而且必须要有正确的态度。过度紧张和焦虑固然不可取,袖手旁观甚至自卸义务与责任更要不得,恰当的方式是,站在孩子的视野之内,为孩子热情鼓掌、高喊加油!我们不能代替孩子做任何属于他自己的事,但是,在他做自己的事时,我们却可以为他鼓掌,为他加油。

这才是他最需要的,而且永远需要。

特别是父亲,更需要在这个时刻,以自己的阳刚之美,感染孩子,激励孩子,让孩子的生命,处处洋溢蓬勃生机。因此,父亲应当更多地介入儿童生活,更响亮地为孩子鼓掌,更大声地为孩子加油。这就需要父亲以儿童为中心,"义务思想须加多",切实核减"权利思想",做一个"义务的,利他的,牺牲的"父亲。只有这样,我们才可以说,自己是"现代的父亲",而不是"古旧的父亲"。

然而,"窥一斑而知全豹",从我参加的这次家长会看,绝大多数父亲其实还是"古旧的父亲",不是"现代的父亲"。无论有多么重要的工作或生活安排,除非万不得已,"现代的父亲"不应也不会缺席孩子的第一次家长会,此后,也会千方百计让自己的身影,融入孩子更多更重要的"第一次风景"。比如,第一次体育比赛,第一次毕业典礼,第一次重大考试,第一次人生挫折……当然,如果能将"第一次"延长为"每一次",那就更美好,尽管这"极困苦艰难"。

全班28个孩子,只有7个孩子的母亲、3个孩子的父亲,参加孩子的第一次家长会,而且家长会是在非工作日。我绝不相信,缺席的21位母亲、25位父亲都是万不得已。我随后进一步的调查证实,这不是特例,而是普遍现象。

事实上,对中国的父母特别不重视孩子人生中的很多重要第一次,我早有观察和思考,只是没想到会不重视或者说忽视到这种堪称恶劣的地步,简直就是"无视"。这是中国父母的悲哀,中国儿童的悲哀,也是中国社会的悲哀。因为我们完全没有意识到,对儿童的健康成长来说,"第一次"有着多么重要的教育价值和人生意义。尽管,对自己的许多第一次,我们非但没忽视,反而常常很重视。从道德评判的角度,这种现象之所以形成且固化,只能归因于"自私"。

相对而言,在"儿童本位"的理念被普遍尊崇的国家,父母十分重视孩子的重要的第一次,常常将其作为"家庭节日"来认真对待。父亲更是将之视为教育孩子、增进和孩子感情的最佳契机,即便是离异家庭,父亲也会想方设法融入孩子的"第一次风景"。因为父亲知道,在日常生活中,母亲和孩子相处的机会更多,母子间的感情更深厚,自己要想从中"分一杯羹",而且是"一大杯羹",就得抓住最佳时机。什么时机可谓最佳?自然就是孩子的重要的第一次。

当然,孩子有很多第一次,而且每一个第一次,对孩子来说都是重要的。而父亲需要认识到,自己在孩子生命过程中扮演的角色,任何人都无法代替。这也就需要父亲做出更多的牺牲,以增加义务、核减权利,使自己更无私、更利他。并且,这里的无私和利他,还应该有超越自我、超越家庭的更深刻、更博爱的内涵,只有这样,在孩子的眼里,父亲才可能是伟大的父亲、英雄的父亲、崇高的父亲,最终变成一座让孩子感到骄傲和自豪,并以之为效仿目标的高山。

需要说明的是,在孩子的成长历程中,这样的一座"父亲山"不可缺少。

那么,身为父亲,今天的我们,具体该怎么做?

有这样一个不正常却众所周知的教育问题,长期存在于我们的社会中,长期被无数父母忧虑甚至焦虑。但是,从我的观察看,它除了被经常性提起,经常性呼吁,并且因此日益加重了无数父母的忧虑,似乎再没有其他作用或价值。事实上,这个教育问题陷入了无解的泥潭,而且正在加速进入恶性循环——用一个形象的说法,就是:眼看着一个个孩子掉进泥潭,越陷越深,岸边无数人高喊"救救孩子",其中父亲们的嗓门似乎最大,但却无人真正伸出援手。

是什么教育问题呢?它真的无解吗?这个问题就是儿童教育的"阴盛阳衰",其中的幼儿教育和小学教育是"重灾区"。一个普遍的现象是,幼儿园、小学里的男教师屈指可数,造成中国儿童普遍表现为阴柔有余、阳刚不足,无论男孩女孩子皆不例外,而以男孩"受灾"最重。为此,著名的教育学者孙云晓高呼"拯救男孩",并和其他两位合作者,在2009年年底出版了同名书《拯救男孩》。该书首印10万册,可见引起了多少人的强烈共鸣,有着多大的市场需求。其实,需要拯救的不仅仅只是男孩,还有女孩,她们同样需要阳刚之气。

要解决这个问题,包括专家学者在内的很多人认为,唯一的办法,就是在儿童教育阶段,大量增加男性教师。这是人所共知的常识。然而,一年年过去,幼儿园、小学里的男性教师不但没有增多,甚至还有日益减少的趋势。于是,这个问题似乎越来越无解,进而人们对这个问题开始变得麻木,直至习以为常。

可是,中国儿童教育的"阴盛阳衰"问题,真的无解吗?除了增加男性教师,再没有其他办法了吗?并非如此。其实,在增加男性教师这一个常识旁边,还站着另外一个常识,那就是让父亲们充分发挥作用,弥补男性教师之不足的缺憾。这是最简单而且可行的便捷路径,更重要的是,它可以实现教育的多赢:父亲们可以因此更深入地了解儿童,儿童可以因此从父亲们那里沐浴更多阳光,儿童阳刚之气的蓬勃提高了整个民族素质,增强了社会的生机与活力。

父亲们的作用如何充分发挥?以幼儿园为例,父亲们可以做义工或志愿者,在一定的时间内,轮流到幼儿园来,给孩子们讲故事,陪孩子们玩游戏,帮孩子们收拾玩具……只要愿意,可以做很多很多事。像我的女儿所在的豆二班,全班28个孩子,如果每一个孩子的父亲,每月到孩子所在的班级,按照事前排好的时间顺序,做一次义工或志愿者,豆二班的孩子们,便每天都会有一位"爸爸老师"。对幼儿园来说,不必增加任何成本,便可以拥有稀缺的教育资源。

只要幼儿园安排得当,父亲们积极配合,要做到这一点并不难。关键就在于,幼儿园愿不愿意行动,父亲们愿不愿意行动。这二者只要有一方行动起来,比如幼儿园开展此类活动,向父亲们告之以理、晓之以情,有多少父亲会不愿意配合?或者,父亲们联合起来,成立"父亲教育委员会",也一样可以要求幼儿园开展此类活动。在参加女儿的家长会时,我就向幼儿园负责人提出了这个想法,马上就得到了积极回应。当然,最终能否实施,还有待双方进一步沟通。

1918年,鲁迅发表著名小说《狂人日记》,呐喊出"救救孩子"!92年后的今天,"救救孩子"的呐喊,依然如警钟长鸣。那么,面对"阴盛阳衰"的儿童教育现实,怎么"救孩子"?我想说:在"他救"不可期的严峻现实面前,父亲们,为让孩子们的生命,充满蓬勃的阳刚之气,请联合起来——"自救"!至少,在孩子们的家长会上,请出现你们的身影。请记住:这是我们做父亲的责任和义务;也是在今天这样一个特殊的时代,我们学习怎样做父亲的新开始。

2010年3月16日凌晨3时23分写

代后记

写给一位因被狗咬而想自杀的陌生朋友的信

亲爱的 sy 朋友：

你好！你 3 月 13 日 17 时的来信,我收到了,谢谢你的信任。因为我不知道你是谁,也不知道你的名字,还不知道你的家在哪里,更不必说你的性别和年龄了,所以,就以 sy 作为你的名字,来称呼你吧。希望这种"西方式"的亲切问候,能够首先使你感觉到一些温暖、一些人情,也使你和我之间的距离,不显得那么陌生而又遥远。

从你来信的内容看——"我本来有很好的前途,可以去加拿大读书,我唱歌很好,也有些成绩",我猜想,你该是一位年轻人,对吗？也许,你是一位英俊的小伙；也许,你是一位美丽的姑娘。假如真是如此,那么,你现在所处的,正是人生中最美好的季节。而此时,也正是大自然的美好季节——春天。

越是美好的东西,你我越是珍惜,也正由于特别珍惜,而尤其不想让它有哪怕是一丝一毫的损伤。可是,你知道吗?就像大自然中常常会有雨雪风霜,在人的一生中,也不可能每一天都阳光灿烂。否则,大自然就不是大自然,人生也不成其为人生了。所以,在我们的生命历程中,雨雪风霜一样都不能少。

现在,你感觉自己步入了人生中"春天里的冬天",所以,"买了一瓶安定","想一死了之"。而理由呢?还是从你来信的内容看——"事情过去了一年多,你的狗还活着,你绝对没有事情",那么,理由恐怕是这样的:在一年前的某一天,你被一条狗咬过,而为你注射疫苗的医生告诉你,"我不敢保证你是否有狂犬病,因为潜伏期最长可以到40年","打了狂犬疫苗发病的概率也是有的"。

正是医生的这两句话,成了你最大的心病,让你觉得自己被"打击的(得)无法在(再)存活下去","每当一想到40年这个潜伏期,自己要承受40年的压力时,我就无法继续生活";即便"用全世界的科学安慰自己",也无法摆脱内心的忧惧,而导致你这种心理的,是"内心又在讲:自己的祖国怎么可能会骗人。"

于是,你感觉自己"现在彻底崩溃了",所以,给我写了一封题为《曹老师,我现在有点想自杀,不过临死前看了您的文章》的电子信件。你说,你看的那篇文章,是关于狂犬病的。在这里,我必须说明,你看到的这篇文章,只是我与安徽医科大学教授、资深流行病学专家祖述宪先生的通信,而"健康狗不带毒"的观点,也是祖教授在论文中表达的。当然,这个观点本来就是 WHO 认可的。

你在信中还说,除了为你注射疫苗的医生所说的那两句话,自己还被"网上的文章吓的(得)不敢呼吸,他们说,与狗接触就得狂犬病,碰了狗的毛发也得狂犬病……天……我都不敢在(再)去回想"。亲爱的 sy 朋友,对这种极端不负责任、完全信口雌黄、违背基本常识的言论,你真的相信吗?

我不是医生,也不是流行病学专家,只是一位媒体人兼作家——当然,这只是我所热爱的职业,它们本身并不代表什么;如果剥去职业的身份,那么,我也只是普普通通的中国人,同样是为了柴、米、油、盐、酱、醋、茶而日日夜夜辛苦奔波的老百姓。但是,我热爱着生活,热爱着生命——自己的、妻子的、女儿的、铁蛋的……

亲爱的 sy 朋友,你知道铁蛋是谁吗?我来告诉你吧!它是一条黄色的博美犬——并非纯种,而是博美犬与蝴蝶犬"联姻"的孩子,三年前,在它满一个月后,来到了我的家里,从此成了一位名副其实的家庭成员。三年来,我是它所亲爱的主人,它也是我所亲爱的孩子,从它能够跳上床的那天起,就一直睡在我的枕头上,直到我的女儿天天满一个月后,它才不再睡在我的头边。

你能够想象吗？我妻子"坐月子"的时候,我女儿"过满月"之前,铁蛋一直如此。假如真像网上那些言论所说,"与狗接触就得狂犬病,碰了狗的毛发也得狂犬病",那么,我们一家三口,岂不早就得了狂犬病？可是,今天,我们非常健康,铁蛋也非常健康,给你写这封长长的回信时,它正躺在地板上,打着微微的醉鼾,睡得正香呢！关于这些,你有空时,可以读一读我在东方出版社出版的《月子：一位父亲的札记》。在这本书里,我记录了铁蛋的大量故事。

事实上,我穿的衣服上,经常沾有狗毛。为什么？一来,我只要一进家门,就必须先抱铁蛋一会儿,不然的话,它会一直缠着我,在我的身上扑上扑下；二来,当我坐在书桌前写作时——比如给你写这封回信,它会马上跳到我身上,接着再跳到书桌上、电脑旁,或者躺着,或者趴着,或者坐着,总之开始陪伴我写作。这样的场景,我在《月子》这本书里,也有很多处描述,你可以一看。

我的童年和少年,都是在农村度过的。你知道,农村的狗很多,所以,人被狗咬的事情经常发生。事实上,我自己也曾被狗咬过一次。回忆起来,那大概是三十年前的事情了。我记得,被狗咬了之后,我的母亲就领着我,到狗的主人家要一根用过的筷子,回家之后将筷子烧成炭,再研成灰,用水调成糊糊,捺抹在伤口处。这就算疗伤了。这样做,当然没有科学道理,而只是一种古老的民俗罢了。

亲爱的sy朋友,你自然可以想一想,筷子灰与疫苗相比,到底哪一个更有效。我今天之所以还能够给你写信,是由于筷子灰的神奇疗效吗?当然不是。在这里,并不是筷子灰有什么神奇疗效,而完全是因为,咬的那条狗是健康狗,没有携带狂犬病毒。这算是一个很好的证明了吧?既然"健康狗不带毒",那么,又哪来的潜伏期呢?很多事情,都是我们自己吓自己。

你说,"每当一想到40年这个潜伏期,自己要承受40年的压力时,我就无法继续生活",因此而想自杀,"想一死了之"。亲爱的sy朋友,你这是自己折磨自己啊,从某种程度上说,你这是一种比较典型的心理障碍。关于这个问题,我想从这样几个方面,谈谈我个人的看法,供你感悟。

人,有生就有死,这是不可避免的自然规律。因此,我们活的是什么呢?是过程。所以,人生并不是一个整体,而是一个个时间段,是每一年、每一月、每一天、每一小时、每一分钟、每一秒,对吗?只要我们把每一个时间段,都过得幸福、快乐,那么,我们的整个人生,也就幸福、快乐。你所需要做的,因此就是过好每一天,让自己的每一天,都幸福、快乐,而不是忧心忡忡。

你觉得"自己要承受40年的压力",所以,认为自己"现在彻底崩溃了"。那么,我就循着你的思维逻辑,来做另一番推理吧。

目前,中国人的平均寿命已经达到72岁,假定我们对一位刚过完20岁生日的年轻人这样说:"52年后,你将死去。"那么,他会有什么样的反应呢?是哈哈一笑了之,继续过自己的快乐生活,至少再享受52年的美好岁月;还是从此忧心忡忡,每时每刻都在无比忧惧中担忧死神的到来?如果那位年轻人是你,你会做什么选择?

在这里,我还需要说明的是,如果你快快乐乐地继续享受52年的美好岁月,那么,你最终拥有的幸福时光,往往会远远超过52年;反之,则会远远小于52年。正是由于有的人因为快乐,迈过了52年的坎,继续快乐前进;有的人则因为忧惧,在52年的坎前摔倒了,所以,才有了72岁这个平均数。那么,亲爱的sy朋友,你是想迈过这道坎呢,还是想在坎前摔倒?

你在来信中还说,"到处的欺骗,到处的谎言……包括您,我都不知道您是否是一个真正正直的人……"所以,你紧接着说,"我现在不知道该相信谁,我也不知道该怎么理解这个问题"。

我该怎么回答你呢?对你的这种观点,我只能用一个词来形容,那就是"偏激",或者说"绝对化"。今年是中国改革开放三十周年,在这三十年间,我们的社会发生了巨大的变化,与之相适应,媒体也发生了巨大的变化。这种变化就表现在,媒体对政府的一切,早已不再是你所说的,"都持有捧臭脚的嫌疑",而是正慢慢走在监督政府的路上。作为媒体人,我清醒地看到了这一点。

当然,我必须承认,这样的变化,是点点滴滴,呈个案式推进的,而不是所谓"革命性"的。如果你没有忘记,我可以告诉你最典型的一个个案,即孙志刚案之于中国废除城市收容制度,改行城市救助制度。尽管,这样的推进是无比艰难的,但是,毕竟在推进着。请相信,文明之风正吹绿中国,冰会化,花会开。

至于你说,"我都不知道您是否是一个真正正直的人",那么,我的回答是:所谓"真正正直",假如是"绝对正直"的意思,那么,很惭愧,我不是。我也只是一个普通人,有着人性的弱点,比如趋利避害。然而,我可以对你说,至少在"健康狗不带毒"这件事情上,你可以相信我。你想,我会以自己的生命、妻女的生命为代价,去证实或者证伪这个观点吗?

最后,我想对你说的是,有空时,真的不妨读一读我的那本《月子:一位父亲的札记》,网上有部分连载,你可以随时阅读。这并不是我向你推销这本书,如果你愿意,请告诉我你的真实姓名和地址,我会免费相赠。

之所以会把这个建议放在最后,是因为我想对你说:

你的生命固然是属于你自己的,但它更属于你的父母亲人。看看我的女儿人之初的这一段生命历程,并且认真品味其中的故事,你会知道,敬畏生命是一件多么值得做的事情,又是一件多么神圣的事情!人之初的第一个月是这样,第二个月、第三个月,也是如此啊!那么,从你出生的那一天起,到你给我写信的这一天,你过了多少个"月子"?

亲爱的sy朋友,这封回信写得够长了,希望你能够看到,更希望你能够从那个深深的忧惧之井里走出来,打开窗户,深深呼吸春天的气息,让春天的阳光打在脸上,暖在心头。假如在读完这封信后,你能够轻轻拿起那瓶安定,微笑着把它丢进垃圾筒里,那么,请相信,你所有的心理垃圾,也都将随之而永远消失。毕竟,你是在人生的春天里,你也是在大自然的春天里!

祝你的一切,美丽。

无论,这一切里,有你的忧惧,还是有你的释然。

因为生命很美丽。

因为生命中的每一天,很美丽。

过好每一天吧,亲爱的sy朋友,让你的每一天都美丽。

从此,你将会抛掉沉重的痛,重拾快乐的花。

还等什么?对,扔掉那瓶安定!

并且,对自己说:好吧,让我好好享受那52年的幸福时光!

再祝

快乐,幸福,吉祥,如意!

曹保印

2008年3月14日凌晨3时41分写于北京

科学人文书系

《谁在让子弹飞》　　　　　　　　曹保印　著
《守旧与更新》　　　　　　　　　　葛剑雄　著
《教育的智慧》　　　　　　　　　　杨东平　著
《察有所思》　　　　　　　　　　　信力建　著
《警惕科学》　　　　　　　　　　　田　松　著
《寻找江河》　　　　　　　　　　　汪永晨　著
《素食男的一千零一夜》　　　　　　蒋劲松　著
《一个人的云世界》　　　　　　　　李多钰　著
《科技政策：分配与规训的技术》　　李　侠　著
《孤独是不人道的》　　　　　　　　郭　鹏　著